管理会计公告

(2009—2019)

第一辑

美国管理会计师协会（IMA） 发布

中国财经出版传媒集团
经济科学出版社
Economic Science Press

图字：01-2019-7473

图书在版编目（CIP）数据

管理会计公告：2009-2019/美国管理会计师协会（IMA）发布．—北京：经济科学出版社，2020.5
ISBN 978-7-5218-1051-6

Ⅰ．①管… Ⅱ．①美… Ⅲ．①管理会计 Ⅳ．①F234.3

中国版本图书馆 CIP 数据核字（2019）第 233919 号

责任编辑：周国强　黎子民
责任校对：杨晓莹　靳玉环　齐　杰
责任印制：邱　天

管理会计公告（2009—2019）

（共五辑）

美国管理会计师协会（IMA）　发布
经济科学出版社出版、发行　新华书店经销
社址：北京市海淀区阜成路甲 28 号　邮编：100142
编辑部电话：010-88191350　发行部电话：010-88191522
网址：www.esp.com.cn
电子邮箱：esp@esp.com.cn
天猫网店：经济科学出版社旗舰店
网址：http://jjkxcbs.tmall.com
北京时捷印刷有限公司印装
787×1092　16 开　58.5 印张　1150000 字
2020 年 5 月第 1 版　2020 年 5 月第 1 次印刷
ISBN 978-7-5218-1051-6　定价：320.00 元（共 5 册）
（图书出现印装问题，本社负责调换。电话：010-88191510）
（版权所有　侵权必究　打击盗版　举报热线：010-88191661
QQ：2242791300　营销中心电话：010-88191537
电子邮箱：dbts@esp.com.cn）

IMA《管理会计公告》专家指导委员会

丁平准　中国注册会计师协会原副会长兼秘书长
于增彪　清华大学经管学院会计学教授
王立彦　北京大学光华管理学院会计学教授
李扣庆　上海国家会计学院党委书记、院长
顾惠忠　中国会计学会副会长，中航工业集团有限公司原副总经理兼总会计师
蒋占华　中国盐业集团有限公司党委委员、总会计师
谢志华　财政部会计名家和管理会计咨询专家、教授

（以上按姓氏笔画排序）

翻译人员　赵　健　张　翔　叶凌波　张晓泉　曹宇虹　苏　珊
审校人员　冯一凡　陈　琴　郭　强

始于1919年，百年致力于专业化
美国管理会计师协会

美国管理会计师协会（The Institute of Management Accountants，IMA®）成立于1919年，是全球领先的国际管理会计师组织，为企业内部的管理和财务专业人士提供最具含金量的资格认证和高质量的服务。作为全球规模最大、最受推崇的专业会计师协会之一，IMA恪守为公共利益服务的原则，致力于通过开展研究、CMA®认证、继续教育、相关专业交流以及倡导最高职业道德标准等方式，转变传统财务领域的思维模式，服务全球财务管理行业，从而推动企业优化绩效，成就IMA成员个人职业发展。

IMA在全球150个国家和地区、300多个分会及精英俱乐部中已拥有超过140000名成员。总部设在美国新泽西州，通过设立在瑞士苏黎世、阿联酋迪拜、荷兰阿姆斯特丹、印度班加罗尔和中国北京、上海、深圳、成都的办公室为IMA成员提供本地化服务。

自2007年进入中国以来，IMA发展迅速，已经成为凝聚财务高管和企业决策制定者的高端平台。如今，IMA成员广泛分布于工商界、学术界、政府部门以及各类非营利机构，这些财务专业人士凭借其先进的财务理念、出色的战略思维、卓越的管理能力和严格的职业道德标准，不断推进企业和机构整体绩效的提升。

致　　辞

IMA 发布的《管理会计公告》（SMA）一直在全球范围内享有盛誉，它涵盖了管理会计领域的各项实务及专题，包括有关风险管理、成本核算、供应链、可持续发展、公允价值、组织行为等主题的定义、框架、指导、最佳实践和案例。这些由国际知名专家精心撰写的公告侧重于实务指导而非理论探索，可以帮助 CFO 及其团队增强企业实力，实现企业的可持续发展。对于中国各级各类企业来说，不论其是国有企业、私营企业还是跨国企业，企业财务人员在保护企业关键利益相关者的利益、实现企业可持续发展的过程中，也一定能从《管理会计公告》中直接获益。

本次翻译出版的是 2009~2019 年间的管理会计公告，由上海国家会计学院组织专人翻译，同时，IMA 特邀上海国家会计学院专家团队结合我国管理会计发展现状及实践情况，为每篇公告撰写了评论。在此，向中译本的译者、点评专家和专家指导委员会成员表示感谢。我们希望通过本次公告的出版及相关活动，大力推动中国本土管理会计理论和实践的发展。

杰弗里·汤姆森

CMA，CSCA，CAE

美国管理会计师协会，总裁兼 CEO

PREFACE

IMA® 's (Institute of Management Accountants) Statements on Management Accounting (SMAs) are widely recognized global resource guides that provide practical, relevant and focused information on management accounting topics. This information includes descriptions, frameworks, guidance, and best practices on topics including risk management, costing techniques, supply chain, sustainability reporting, fair value, organizational behavior, and more. Leading experts around the world author these practical resource guides which go beyond the theoretical and help CFO teams to create stronger organizational capability while enabling sustainable growth. Chinese finance and accounting professionals in businesses of all sizes and structures (SOE, private, MNCs) can benefit directly from the SMAs to create sustainable growth in their organizations while protecting the investments of key stakeholders.

This series contains SMAs released between 2009 and 2019 and translated with help from Shanghai National Accounting Institute (SNAI). We have also invited senior scholars and academics from SNAI to add supplementary commentaries based on the status and best practices of management accounting in China. I would personally like to thank all the translators, commentators and members of the quality review committee in China for their hard work and contributions. I hope that this work will give a strong boost to China in the development of the profession in both theory and practical application.

Jeffrey C. Thomson, CMA, CSCA, CAE
President and CEO
Institute of Management Accountants

序 一

这是一个变化的世界。进入 21 世纪以来，中国经济通过持续的改革开放取得了巨大的成就。与此同时，中国经济发展的内外部环境也在发生变化。传统的低要素价格优势不复存在，中国企业迫切需要适应新的环境，通过提升管理水平和更好地运用技术来构建新的竞争优势。为此，财政部发布《管理会计基本指引》和系列应用指引，大力推进管理会计相关研究和各类工具在实践中的运用，顺应了时代发展的要求，对推进管理会计理论的研究和应用，对推动中国企业竞争力的提升和中国经济高质量发展，都具有十分深远的意义。

这是一个快速变化的世界。以数字化为核心的技术创新、外部环境的变化和体制机制的变化等，在赋予管理会计新的手段和方法的同时，也提出了管理会计理论研究和应用中需要深化探索的很多命题。在落实指引要求、结合具体实际寻求有效的管理会计解决方案的过程中，必须对这些命题给予高度关注。例如，会计工作在服务于成本核算和风险防范的同时，如何积极推动产品、技术乃至商业模式领域的创新？又例如，随着市场节奏的不断加快，产业边界、企业边界不断被打破，产品生命周期明显缩短，基于当前和历史的财务数据越来越不足以预测和解释未来的财务绩效，在积极推进"业财融合"的过程中，应该如何构建新的管理会计体系以更好地服务于面向未来的重大决策？再例如，数字化进程风起云涌，数据的获得更加便捷，成本也更加低廉，"为管理而服务的会计"迎来了千载难逢的发展机会，但如何把高效率推进组织数字化进程与管理会计体系的迭代进化有机结合起来？还例如，资产和负债是会计学中最核心的概念，数字化时代资产和负债的形式、估值方法等都可能出现颠覆性的变化，会计理论和实践如何回应这些变化？

他山之石，可以攻玉。几年前，北京国家会计学院的同事们曾经翻译了美国管理会计师协会（IMA）的系列管理会计公告，对于帮助人们了解、研究和借鉴美国同行对很多管理会计问题的认识和做法，发挥了积极作用。几个月前，IMA 约请我院教研部的同事们翻译他们近些年发布的公告。从公告的目录不难发现，这批公告汇集了 IMA 的同行们对管理会计领域诸多问题的新思考、新探索。有些报告在拓宽管理会计相关问题的认知上无疑能带来很好的启示，例如，有一则公告探讨的主要是如何提升企业竞争情报的获取能力，另一则公告探讨的则是成本管理的行为因素。这些探讨可能是传统的管理会计著作中很少触及的，但与管理会计工作显然高度相关。由于时间紧迫，比之"信、达、雅"的要求，翻译工作肯定还有不少可以进一步完善的地方。但通读报告之后，让我觉得欣喜的是，学院参与工作的11位老师均基于他们的专业背景，针对所翻译的公告发表了评论，并结合我国的实际谈了他们的感受。这些评论虽为一家之言，或许有失之偏颇的可能，但无疑可以为读者认识、研究相关问题提供更广泛的视角。作为全国性高端应用型人才培养基地，上海国家会计学院近年来积极鼓励教师们走出校门，深入实际开展调查研究，从这些评论来看，学院的导向取得了一定成效。

世界还将继续快速变化。管理会计是一门实践性非常强的学科，必须始终坚持与时俱进。上海国家会计学院愿意和海内外同仁一起，相互借鉴，共同努力，推动管理会计理论的研究和应用不断取得新的成就。

李扣庆

上海国家会计学院党委书记、院长

序　二

2019年是美国管理会计协会（IMA）百年诞辰，这在世界管理会计史上无疑是一个重大事件，不仅表明管理会计具有强大的生命力和发展潜力，也展现了IMA的执着和贡献，特致以诚挚的祝贺！

IMA是国际性管理会计专业组织。对于任何专业组织而言，其神圣的使命和责任就是提升和更新其专业成员的知识、技能和专业价值观念，以胜任他们承担的专业职责，为他们所在的组织和社会创造财务与非财务的价值。在过去的一百年中，IMA为此做出了巨大的贡献，包括不断地总结和传播管理会计经验、举办专业会议、定期出版管理会计期刊、开展注册管理会计师认证、提供会员增值服务等，其中也包括发布《管理会计公告》。

截至目前，IMA已发布70多项管理会计公告，初步形成一个相对完备的知识、技能和专业价值观念的体系。十多年前，我国引进了美国注册管理会计师认证（CMA）并进行汉化考试，此后IMA在中国迅速成长，管理会计公告也随之引进。北京国家会计学院刘霄仑教授曾从2008年以前发布的管理会计公告中精选出30多项翻译成中文，并于2012年分为四册出版。现在，IMA与上海国家会计学院合作已将IMA于2008年以后发布的管理会计公告翻译成中文，近期将正式出版，谨表示热烈祝贺！

2013年时任财政部部长楼继伟号召我国企事业单位和政府机构应用和创新管理会计，以"补齐"我国整个会计发展的"短板"。此后，财政部发布《关于全面推进管理会计体系建设的指导意见》，继而启动了以理论体系、指引体系、人才培养和信息化为内容的管理会计体系建设，目前已取得了阶段性成果，特别是指引体系建设，成果最为显著。相比较而言，财政部的指引体系与IMA的公告在功能上相同，都可作为财会人员应用和创新管理会计的参照系，同时，两者也存在着明显的差别，但并不矛盾，完全可以互补互鉴。

品味IMA于2008年以后发布的管理会计公告，多处令人印象深刻，借此选择几处与读者分享。

1. 业财融合。也就是将管理会计与供产销、人财物、技术研发与创新、新产品开发等结合起来，这是此次出版的管理会计公告最显著的特点。这里，管理会计代表财务、代表企业价值创造，业财融合意味着包括技术在内的各项业务活动的合理性就在于其能够创造企业价值。在一定意义上，脱离财务的业务，只是"行尸走肉"，而脱离业务的财务，只是"孤魂野鬼"。企业价值之所以重要，是因为它是企业可持续发展的基础，是企业为社会创造的财富。

2. 风险管理。有人以为风险管理是内控的专利，这是值得商榷的。因为内控确实是风险管理的工具，但只是之一而非唯一，至少还有管理会计；因为所谓内控只是过程控制、程序控制，是机械性的，而管理会计控制则是结果控制、将当事人利益的相黏和相斥融合起来的控制，是有机性或行为的。楼继伟曾在一次报告中用他担任中投公司和中央汇金公司董事长的经历，强调管理会计信息与风险管理的关系；美国卡普兰教授作为国际知名管理会计学者也曾在美国《会计评论》（2011年第2期）发表文章，批评会计研究中忽略风险计量与管理的倾向。此次出版的有关风险管理的公告，对风险管理有详实和可操作性的说明。

3. 财务会计与管理会计关系。我国仍有学者对于在财务会计、财务管理、企业管理、内控之外还存在着管理会计这个事实而耿耿于怀，不肯接受。这是天大的误会！管理会计的功能之一是为企业高管、各级经理以及普通员工的决策提供信息，仅与财务会计比较而言，两者的差异或矛盾不可能调和。比如财务会计是历史记录，近几年虽然引进了公允价值，但充其量是现行价格，而管理会计面对未来，对未来的价值信息，财务会计仍然无能为力。其二，成本计算和管控方法种类繁多，相互有别，但又界限模糊、功能重叠，令决策者无所适从，管理会计在提供成本信息的过程中必须选择出一种或者几种可搭配使用的成本计算方法，生成成本信息，支持高管、经理和员工的决策。其三，很多人误以为对外报告（如编制财务报表、纳税、向监管部门提供信息等）的信息同样可以应用于内部决策，这不仅是概念误解，而且在实务上会严重忽略或者扭曲内部决策所需要的信息。此次出版的有关成本的公告中对此也有类似的解释。

4. 产学研相结合。据我了解，IMA管理会计公告的选题都是管理会计实务发展中比较先进、成熟和有应用前景的方法、工具和系统，都是对公告选题有深刻感悟的产学研三方面的专家联手开发的成果，这为管理会计公告的质量和有用性提供了保障，也是未来开发新的管理会计公告可以发扬光大的经验。

5. 微观与宏观相通。管理会计属于微观管理，但与宏观管理也息息相通。原因在于国家的宏观调控、宏观政策、产业政策等都是通过在企业事业单位落地、执行，才能达到预期的结果。从国外的经验看，企业管理的效率和效果水平，一定程度上取决于管理会计应用和创新的水平,换句话说,将宏观调控、宏观政策、产业政策与管理会计的方法、工具和系统结合起来,可能会收到意想不到的积极结果。在企业中应用与创新管理会计可以提升企业的价值创造能力,从而为高质量发展经济奠定基础。我国一些企业的经验证明,管理会计有可能成为用市场手段调节经济的最好的辅助手段。比如"三去一降一补",其核心是降成本,没有管理会计配合,其政策成效会降低。

6. 中国特色管理会计。也就是构建一种管理会计理论与方法体系,既符合世界知识主流的规范,又能够实实在在地解决中国的管理会计问题,但不是国外管理会计在中国的翻版,也不是中国经验的堆砌,而是按照实践有用性标准所进行的严格筛选和重新整合的结果。从长远看,这是一个互相交流的平台,由此我国可借鉴国外管理会计的精华,也可将我国管理会计行之有效的经验传播给世界。管理会计是世界性学科,在不同国家、不同行业、不同企业存在着共同点,但也存在着差异,特别是制度背景差异及其与共同的知识、技能和专业价值观念如何融合的理论和方法,都值得互相交流和借鉴。但从近期看,批判地引进与借鉴国外管理会计的成功经验仍十分必要。

19世纪末期,管理会计就在美国出现,然后伴随着美国上升为世界经济强国的过程而发展成为相对独立的学科,建立专业组织,并风靡世界各国。目前日本、德国和我国都有各具特色的管理会计,但美国管理会计仍处在世界领先地位。过去40年,我国会计学术领域在引进和借鉴国外特别是美国管理会计的基础上,发展和创新中国管理会计,并在管理会计体系建设方面取得重大突破。有理由相信,IMA于2008年以后发布的管理会计公告中文版的出版,必将开阔人们的管理会计视野,促进财政部管理会计应用指引更好地落地和取得实效,促进我国管理会计教学、科研和实务的发展,促进我国管理会计在企事业单位和政府机关创造更大的财务和非财务价值!

于增彪
清华大学经管学院会计学教授

序　三

美国管理会计师协会（IMA）发布的《管理会计公告》系列，几年前曾经由北京国家会计学院学者翻译并由人民邮电出版社陆续出版。当时中文版一套四册，内容6大类35项：领导力、战略和道德规范（4项）；科技支持（1项）；战略成本管理（9项）；公司绩效管理（14项）；企业风险与控制（2项）；管理会计实务（5项）。那套书的翻译和出版，我参加了其中部分章节的校核和讨论。

中文版出版初期，在北京大学举办了发行仪式暨专题研究论坛。我描述和形容IMA《管理会计公告》为"他山之石，可以攻玉"。后来的事实证明，这套公告从选题、配套案例到整体文本，的确帮助中国会计界、管理界了解、研究和借鉴了美国职业团体对管理会计问题、难题的认识和做法。

2019年是IMA成立一百周年，其所发布、更新的管理会计公告进一步体系化。IMA属于国际性管理会计专业组织，成系列地发布《管理会计公告》是其重要的专业使命。

美国管理会计师协会的一百年，正是科学技术和经济社会制度飞速发展变化的一百年。客观世界的多元演变，在企业会计领域得到充分体现。譬如，在企业管理会计实务中出现了作业成本法（ABC）、作业成本管理（ABM）、作业预算编制（ABB）、标杆制（Benchmark）以及绩效评价中的平衡计分卡（BSC）等创新方法。这其中的ABC、ABM和ABB，比较多地强调突破原有的成本机制，从企业经营生产活动的作业动因出发，按作业的基础分摊成本、获取管理信息、制定管理决策、改进作业质量；标杆制和平衡计分卡则突破了企业财务会计信息系统的限制，吸收财务指标之外的非财务指标信息，共同作为绩效评价的组成部分。此外，其他涉及企业战略行为的新方法如战略成本等观念，也日益成型。事实给人们的启示是，管理会计实践的发展促成管理会计公告走向完善，两者相辅相成。

本次翻译为中文出版的《管理会计公告》共分为五辑，包含23项内容：战略、规划和绩效（5项）；报告与控制（6项）；技术与分析（5项）；商业和运营（3项）；价值观与可持续发展（4项）。新公告的突出特点在于：基于新近发布的《IMA管理会计能力素质框架》，更具有体系性。

最近几年来，我国财政部发布了《管理会计基本指引》和一系列具体应用指引，中国总会计师协会于2019年发布了两个框架文件《中国管理会计职业能力框架》《中国总会计师（CFO）能力框架》。全球化经济时代，世界与中国、中国与世界，已经不再封锁，开放成主流。市场化环境下的企业，管理会计用武之地日益广泛，规范体系将成关键。

王立彦

北京大学光华管理学院会计学教授

内容提要

美国管理会计师协会（IMA）发布的《管理会计公告》由国际知名专家精心撰写，涵盖了管理会计领域的各项实务及专题，突出实务导向，注重技术与分析、文化、职业道德和价值观对企业管理会计体系的影响，对企业管理人员建立商业逻辑思维框架、提升商业判断力具有很好的借鉴意义。

公告共分为五辑，主题分别为：战略、规划和绩效，报告与控制，技术与分析，商业和运营，价值观与可持续发展。本辑的主题是战略、规划和绩效，包括：精益企业会计：会计模式的重大转变；通过战略协同，实现卓越业绩：利用方针管理将精益生产措施与商业战略联系起来；战略风险管理：优化风险－收益状况；实施有效风险偏好；商业估值。

同时，IMA特邀上海国家会计学院专家团队结合我国管理会计发展现状为每篇公告撰写了评论。

目 录

精益企业会计：会计模式的重大转变	1
一、执行摘要	3
二、引言	3
三、范围	6
四、精益原则及会计的含义	8
五、会计模式的重大转变	9
六、价值流成本核算	10
七、决策	13
八、特点与特征	28
九、精益预算和财务规划	30
十、消除交易事项	32
十一、结束语	36
术语表	36
参考资料	39
评论　精益会计为管理赋能	
——评《精益企业会计：会计模式的重大转变》	43
通过战略协同，实现卓越业绩：利用方针管理将精益生产措施	
与商业战略联系起来	49
一、执行摘要	51
二、引言	51
三、战略规划	52
四、调整战略	55
五、角色和责任	57
六、方针管理在职能部门的应用	59

七、结束语 　　64
　　其他资源 　　65
　　附录1　在整个企业中实现精益生产 　　65
　　附录2　实施精益生产 　　74
　　附录3　KPI 　　79
评论　战略向左，绩效不会向右
　　　　——评《通过战略协同，实现卓越业绩：利用方针管理将精益
　　　　生产措施与商业战略联系起来》 　　85

战略风险管理：优化风险－收益状况 　　89
　　一、执行摘要 　　91
　　二、战略风险的重要性 　　92
　　三、衡量战略风险 　　95
　　四、战略风险管理 　　98
　　五、防御模型的三道防线 　　99
　　六、持续不断的监控和反馈 　　109
　　七、行动越快，效果越佳 　　112
评论　从不确定性获益而不是被随机性愚弄
　　　　——评《战略风险管理：优化风险－收益状况》 　　114

实施有效风险偏好 　　121
　　一、执行摘要 　　123
　　二、风险偏好框架的要求 　　124
　　三、制定风险偏好陈述书 　　127
　　四、角色和职责 　　132
　　五、监测和报告 　　134
　　六、风险偏好陈述书和指标示例 　　137
　　七、成熟度模型 　　141
　　八、结束语 　　143
评论　通过风险偏好组合细化管理企业风险
　　　　——评《实施有效风险偏好》 　　145

商业估值 151
 一、引言 153
 二、估值原因和前提 153
 三、价值标准 154
 四、估值分析 155
 五、估值方法 160
 六、折价和溢价 172
 七、估值结论 176
 八、估值报告 176
 九、估值国际术语表 180
 附录1 税则59-60 188
 评论 商业估值是科学更是艺术
   ——评《商业估值》 196

精益企业会计：
会计模式的重大转变

关于作者

IMA 在此向克莱姆森大学的弗朗西斯·A. 肯尼迪（Frances A. Kennedy）博士以及 BMA 公司的布莱恩·H. 马斯克尔（Brian H. Maskell）表示感谢，本公告是在他们的工作成果基础上撰写的。此外，还要感谢迈阿密大学的彼得·布鲁尔（Peter Brewer）、SAS 的加里·柯金斯（Gary Cokins）以及商业顾问让·坎宁安（Jean Cunningham）担任我们的评论员。

一、执 行 摘 要

随着企业由传统的管理方式向精益企业转变,相关会计模式、控制和计量制度均需要做出相应改变。例如,完全成本法等传统会计制度侧重于为股东(或所有者)创造价值,旨在为大规模生产、自上而下的管控体系、部门优化以及预算编制等提供支持,而精益思维原则与传统管理原则有着天壤之别。传统会计制度所提倡的行为会破坏精益思维原则,可能会对精益企业带来不利影响。精益会计方法的设计初衷是为了支持企业向精益企业转型。

针对"精益生产"方式为组织带来的影响,美国管理会计师协会(IMA)共发布了三篇管理会计公告,本公告是其中第二篇公告。作为探索和实施精益理念的"开山"之作,第一篇公告《精益企业基础》阐述了有关核心概念,为财务和运营专业人员介绍了精益流程的基本内容、对于所在组织的适用性以及所带来的独特挑战。而本公告侧重于价值流成本核算、系列产品成本、决策、预算和财务规划以及消除不必要的交易事项方面的内容。

第三篇公告为《通过战略协同,实现卓越业绩:利用方针管理将精益生产措施与商业战略联系起来》,将精益会计原则扩展至整个企业,并讨论了精益组织的绩效衡量问题。

二、引　　言

组织正在改变自身产品及服务的生产交付方式,以期更为迅速地响应不断变化的竞争环境。乍看之下,这些改变似乎无非就是开展更多的计划,通过在生产、服务交付、产品设计以及配套活动管理领域应用新技术来提高公司效率。但是,当你更为深入地审视这些实施新方法的企业(统称为精益企业)时,显而易见的是,这不仅仅是一项改进计划,从根本上而言,更是一种全新的业务模式。组织做出的改变需要不同类型的会计制度予以支持。运用精益思维实现公司转型,这涉及公司经营方方面面的改变。这些改变是在针对企业所做的不同假设基础上进行的。精益思维改变了企业的管理方式,从一个以管控为特征的官僚式机构转变为一个向团队充分赋权并以此为基础运作的组织。[1] 精益思维

---

[1] James Womack and Daniel Jones, *Lean Thinking*: *Banish Waste and Create Wealth for Your Corporation*, New York: Simon & Schuster, 1996.

使组织发生了变化，将中层管理人员主导的、自上而下的、项目驱动式的改进，转变为获得赋权的团队在公司整体范围内实施的持续性改进。以团队为基础的组织需要一种不同于传统管理模式的财务和绩效报告系统。

精益思维同样改变了公司看待客户的方式。精益组织寻求为客户创造最大价值。精益组织是专注于客户需求的外向型组织，而不再是20世纪广泛存在的内向型组织。精益组织认识到客户需求发生了变化，且变化往往发生在瞬息之间，因此，它们能够保持业务运营流程各个方面的灵活性。灵活性和持续性改进建立在公司稳定和标准的流程之上，而非依靠中层管理人员中的"英雄人物"通过设计流程来推动产品生产和服务提供。这就需要新类型的财务信息和绩效报告，以增强稳定性，激发持续性改进，快速发现问题以及识别不断变化的客户需求。

精益组织实现了可视化控制。从事经营活动所需的信息以可视化方式发布在所需的地方。管理人员不再需要开会讨论冗长的报告，而是通过可视化报告，在工作场所就能够完成所有的日常管理工作，而可视化报告通常以手动方式显示在工作场所的跟踪板上。获得授权的团队和响应流程需要以人们易于理解和使用的方式及时得到提供的数据。控制系统需要清晰且及时地提供报告，以便组织中的每个人都能立即理解和使用相关信息。

传统组织拥有多个层级的监督管理和职能报告职责。信息沿着控制链条上报至决策层，决策做出后再向下传递到业务层级。许多组织（不一定是精益组织）已经转向一种更加"去中心化"的模式，层级更少，决策制定更接近客户。"传统"组织已经取得了长足进步，但仍需更进一步改进。已经过渡到精益运营阶段的组织具有较少的管理层级，较少的层级意味着更大的控制范畴。换言之，肩负职责的每位管理人员都将收到更多的直接报告。决策被下放到得到授权的低层级员工手中，而这些员工与客户更为贴近。

另一个结构性变化是从职能分离型组织转变为按价值流进行管理的组织。价值流是指产品不断转化并最终交付给客户所经过的一系列流程。通过设计，价值流跨越多个职能，如生产、工程、维护、销售及营销、会计、人力资源以及运输。医院和银行等服务型组织也具有类似的价值流。价值流团队的目标是通过使用标准的持续改进方法，在整个价值流中创造更大的客户价值并消除浪费。按照价值流进行管理，需要对信息进行配置，以反映这种新的组织形式。

价值流具有不同的类型。在制造和分销组织中，存在订单执行价值流和产品开发价值流。订单执行价值流始于销售流程，贯穿于产品制造和客户交付过程，紧随其后的流程是发票开具和资金回收。产品开发价值流始于开发新产品的设想（要么是因为客户表达相关需求而发起的，要么是公司内部负责开发全新产品的人员提出的），贯穿规范、设计、材料采购、投产以及投放市场整个过程。这些价值流跨越了传统公司的常见部门。信息、材料和现金流沿着价值流横向流动，而不是在公司垂直管理的部门间流动。

服务行业的价值流同样跨越了传统的部门型组织。医院的心脏护理价值流包含了服务客户所需的所有步骤。它们尝试消除流程中的浪费现象，以便以人性化的方式为客户提供快速、有效的护理服务。金融服务组织的价值流跨越许多传统部门，能够快速、简捷地为客户提供抵押贷款、保单或养老金计划。教育机构认识到，价值是通过组织结构的许多不同方面而为客户创造的，若想实现多类客户（学生、家长和雇主）的价值最大化，需要实现横向流动，才能寻求提供更好的价值。

与服务业相比，虽然精益思维当前在制造业和分销业得到了更为广泛的应用，但服务型组织同样受到了剧烈的影响。

通过业务重组或使用矩阵管理方法，企业可以实现从部门型组织向价值流导向组织的转变。在这一过程中，企业并非一定要重组自身的组织结构，重要的一点是解决孤岛行为和绩效激励所带来的挑战（参见公告《通过战略协同，实现卓越业绩：利用方针管理将精益生产措施与商业战略联系起来》）。

产品和流程流从预测驱动的"推动"环境向客户驱动的"拉动"系统转变。典型的推动系统将根据预测生产产品并将产品存放仓库，直至销售人员与客户达成交易，而这可能导致库存过高，带来更大的产品过时风险。而在拉动环境中，企业根据客户订单启动生产，因此，客户的个体需求可以得到满足，并避免出现库存过多和产品过时现象。从预测推动转变为客户订单拉动，经营过程需要完全不同的信息流。

在服务行业中，这种"推动"思维导致航空公司出现航班超售以及"冲撞"客户现象。推动系统思维导致服务中心配备的都是一些薪酬最低、经验最少的员工，他们试图利用数据库来解决问题；航空公司则按照他们所处理的电话数量来衡量绩效以及发放薪酬，而不是按能否有效解决客户问题。在医院里，推动系统则表现为按不同时间段来安排候诊人员就诊，让他们枯坐几个小时才能看上病。

软件公司会自动更新您的计算机，但在更新无效之时，却不会安排任何人为你答疑解惑，你能参考的仅仅是一些"常见问题解答"（FAQs），这也体现了推动思维。重新调整结构，向价值流和客户驱动的拉动系统转变，要求会计专业人士重新评估他们提供给公司决策者的信息和报告。

首先，传统的部门费用定期报告通常提供给需要对本部门所产生的费用负责的职能部门经理。

在价值流组织中，价值流管理人员及其团队是财务信息的主要使用者，他们将这些信息用于控制成本和制定决策。职能部门经理也可以利用这些信息，但此类信息是以价值流为导向的，而不是面向职能部门。

其次，传统的产品成本核算方法要求将间接成本纳入产品成本。完全成本法本身就可能诱发过度生产，这是因为产量越高，产品的单位成本就越低。价值流组织推行的是简单汇总的直接成本核算，不涉及或很少涉及成本分配。

最后，传统的思维模式认为大批量的生产（或只按预定时间提供服务）可以降低总体成本，这是因为大批量生产能够避免额外的安装和转移成本，从而提高了效率。这种思维深深扎根于传统的管理思想以及分工会带来效率的理念之中。传统的会计制度往往反映了这种思维模式。这些原则与精益生产背道而驰，精益会计方法试图为精益思维和精益方法提供财务信息支持。精益变革所带来的影响将贯穿于组织的会计制度，并反映在财务报表之上。一些公司已经着手于向精益组织转型，但公司内的许多财务专业人士尚未认识到传统会计制度（基于标准的间接费用分摊）将不能准确地反映转型所带来的经济效益，事实上，还可能曲解这些变革所带来的经济影响。虽然一些组织可以忽略会计问题，这是因为它们的高管层对精益思维有着深刻的理解并承诺大力推行该思维，但另一些组织可能会发现传统的会计报告、计量和方法会妨碍它们向精益组织转型。这些组织需要新的会计、控制和计量方法。鉴于会计信息支持系统在组织中有着举足轻重的地位，会计人员必须确定精益组织的内部人员需要哪些信息以及需要以何种形式提供这些信息。

三、范　围

本公告针对的是采用精益原则的组织中，寻求提供决策相关信息并提升对流程了解程度的财务专业人士。本公告所讨论的精益会计概念适用于：

（1）大型和小型组织；
（2）制造业和服务业企业；
（3）公共和私营部门；
（4）营利性和非营利性组织。

本公告并不涉及一般商业实践，特别适用于正在向精益企业转型的公司。这些公司将精益思维的原则应用到组织的各个方面，引导整个公司发生了根本性的变化。

我们的两篇管理会计公告对精益会计实践进行了概述。第一篇管理会计公告《精益企业基础》，讨论了精益原则对整个组织的影响。本公告《精益企业会计：会计模式的重大转变》是有关精益会计的首篇管理会计公告，其中包括五个主题：

（1）价值流成本核算引入了损益表格式，以控制成本、促进精益行为并对绩效进行监控。这些损益表将取代传统报表和成本报告。

（2）决策方法总结了在不以标准成本核算为基础的情况下，如何做出报价、订单和外包等决策。

（3）特点及特征成本计算通过产品系列视角来看待产品成本。

（4）预算和财务规划反映了价值流报告结构，其中包括统计表格式和（或）价值流报表。

（5）消除不必要的交易事项要求会计职能使用交易和报告来重新衡量收集和记录数据的价值，倾向于采用简单的可视化管理方法。

第三篇管理会计公告将精益基本理念延伸至车间之外，试图将本公告所讨论的精益会计原则扩展到整个企业，涉及的主题包括：

（1）绩效衡量指标之间的联系：任何组织取得成功的关键在于经过深思熟虑，在组织目标与价值流、单元目标以及衡量指标之间建立明确的联系。该主题介绍了在价值流组织中如何实现绩效矩阵的开发。

（2）会计组织：精益流程已成为组织各部门业务执行方式的一部分。财会部门可以针对自身流程发现资源的浪费情况并对流程进行简化。

（3）服务组织：精益的核心是流程管理。虽然通过有形产品更容易实现对组织的可视化管理，但精益原则同样适用于为客户提供服务的组织。事实上，很多服务机构基于自身的业务性质，自然而然地通过客户需求拉动模式转变。

（4）销售和市场营销：作为对业务持续增长至关重要的环节，销售和市场营销必须适应价值流所带来的变化并把握相关机会。销售和营销职能部门开始从产品系列的角度进行思考，并常常重新调整规划机制。

（5）目标成本核算：在精益组织中，目标成本核算是整个价值流变革和改进的主要驱动因素。首先，要彻底了解产品或服务是如何创造客户价值的，以及产品和流程必须如何改变才能为客户创造更大的价值；而后，推动流程变革，使产品和服务成本与客户的价值需求、企业的利润和资金需求相一致。

（6）落实精益会计实践：随着业务运营实现了对特定流程的控制，企业可以针对为每个流程提供支持的会计实践进行调整，从而消除大量的非增值交易。本管理会计公告概述了能有效规划落实精益会计实践活动的成熟路径。

四、精益原则及会计的含义

"精益生产"这一术语用于描述这样一种制造方式，即将工艺和大规模生产的最佳要素组合在一起，并寻求避免出现因工艺设置问题导致的高昂成本以及刚性的大规模生产。现如今，精益概念已经有所扩展，囊括了服务型公司且覆盖了组织整体。因此，"精益企业"成为一个更有包容性的术语。精益企业的目标包括：提高质量和客户满意度、为客户创造更多的价值、消除浪费、缩短生产周期以及降低成本。

精益企业的运营基于这样的深度理解：对组织如何为客户创造价值以及如何通过公司的价值流来创造这一价值。精益组织不断改造其流程，以便将更多的资源用于能创造价值的活动，而不创造价值的活动将尽量减少甚至消除。这一切不是通过传统的、基于项目的变革实现的，而是通过持续地改进方法（通常称为经营方法改善）让所有员工都参与进来。

精益流程的支柱是一个精心构建的概念架构，它能为约束公司运营的结构关系、人际关系、外部关系和内部关系提供支持。此架构为会计职能部门搭建了一个平台，让其可为管理这些关系的决策提供支持。精益生产所涉及的五项原则由沃麦克（Womack）和琼斯（Jones）[①] 提出，包括：

（1）价值：精益生产始于从客户的角度，围绕产品或服务的特点和特征，定义价值的构成要素。

含义：精益企业不以预先确定的产品标准成本为目标，不提倡管理者为减少差异而过度生产，而是根据客户而非内部标准来不断重新定义价值。精益组织在定义和计算客户价值方面采用了形式化方法。

（2）价值流：价值流是指原材料转化为产品并最终交付给客户的整个过程。通常，一个价值流是根据一组采用相同流程步骤的相关产品或服务来进行定义的。

含义：传统会计通过评估提供服务或生产产品所需的劳动力和其他（所谓的）直

[①] 此处给出的精益思想五大原则与沃麦克（James Womack）和琼斯（Daniel Jones）所提出的原则略有不同。此处增加了授权团队原则，用以表明人员在精益企业取得持续成功中发挥着重要作用。

接成本，然后将相关的支持成本分配给单个产品或服务来计算产品或服务的标准成本。精益组织不再关注单个产品或服务的成本，而是聚焦于流经整个价值流的总成本。追踪价值流成本和盈利能力可以帮助组织加强理解，进行深入观察，实施颇有成效的成本控制，进而实现有效的持续改进。

（3）流动和拉动：生产流程旨在通过客户需求的拉动来启动价值流并实现产品流的最大化。

含义：传统的生产计划和采购是以预测驱动系统为基础的，该系统由内部提出需求并启动材料采购和生产订单环节。生产批量越大，产品的单位成本越低，在这一错误推理的影响下，人们认为最优生产是通过大批量生产而获得的。当根据预算而不是客户需求进行生产成为一项关键绩效指标时，其结果就是形成过多的库存，不仅耗费了资源还加大了风险。

（4）授权：评估和控制系统向每名员工提供必要的信息，并授权其在需要之时采取必要的行动。

含义：传统的责任会计向管理人员和监管人员提供信息（通常是滞后信息）以用于管理成果。这样做形成了一种是管理人员而不是管理流程的倾向。精益领域近期取得的成果，如业务流程管理（BPM）、商业智能（BI）、操作仪表盘、平衡计分卡和战略地图，已经开始着手解决这一问题。以实时方式形成信息，由使用信息来做出日常决策的人员维护信息，精益技术有助于促进这种发展。精益会计和绩效衡量指标通过向员工提供适当和及时的信息来管理和控制流程。

（5）尽善尽美：尽善尽美是指在客户需求的拉动之下，以100%的完美质量持续生产。

含义：传统会计将尽善尽美定义为符合预先确定的标准。在精益结构中，价值流所涉及的各个层级的团队得到授权并致力于不断改进自身流程，以便为客户提供完美的、高价值的产品和（或）服务。改进不是由项目驱动的；这种持续改进是不间断的、永恒的。会计和评估系统需要为组织追求尽善尽美提供积极支持，它们必须提供及时、有效以及可理解的信息，以便实施控制并激励团队做出持续改进的努力。

《精益企业基础》对这些精益化原则进行了更为深入的探讨。

五、会计模式的重大转变

传统的会计系统以一种"静止"的视角看来经营状况，不能反映精益企业的持续改进目标。为了更加平衡、动态地了解自身绩效状况，许多组织为传统的会计系统补充了仪表盘和计分卡，根据运营数据来反映关键绩效指标（KPI）。精益会计利用以下五项原则来指导会计向精益流程靠拢，以进一步推进会计模式的转变。[①]

（1）精益和简单的业务会计，将精益方法应用于会计流程，消除了交易流程、报告和会计方法中的浪费。

（2）为精益转型提供支持的会计流程，专注于从整个价值流角度（而不是单个产品或服务）来衡量和理解为客户创造的价值。

（3）清晰和及时的信息交流，体现在易于理解的会计报告上，这些报告的提供频率很高，并不受限于月度报告周期。

（4）从精益生产的角度出发开展的规划工作，会涉及负责实现结果以及积极参与目标制定的人员。该流程从顶层战略计划开始（使用方针管理等方法），然后推进到业务部门领导和价值流团队（使用销售、运营和财务规划等方法）。

（5）通过审慎规划来消除非增值交易时，需加强内部会计控制。至关重要的一点是，会计控制和交易事项不能过早取消，只有在业务实践表明已具备足够的流程控制时才能予以取消。流程图确定控制风险，随后纳入变革以减少这些风险。

通过精益思维，这些原则中的每一条都会指导会计实务从传统方法向支持精益转变……本公告余下部分将更加详细地阐述会计能为精益流程提供积极支持的五个关键领域。

六、价值流成本核算

管理整个价值流是精益企业取得成功的核心所在。价值流管理包括价值流映射（在2005年召开的精益化会计峰会上制定），了解客户价值，消除整个价值流中的浪费和延误，为产品制造、服务提供和管理支持活动创建高质量的流程。在许多精益公司中，价值流管理人员的职责包括拓展业务、提升客户价值、消除各个流程存在的浪费、增加现金流以及提高盈利能力。价值流团队需要及时、有效和易于理解的财务信息。精益会计针对每个价值流提供损益表（通常是每周一次），并利用这些报表来控制成本、制定决策和推动改进。

---

① 在2005年召开的精益会计峰会（2005 Lean Accounting Summit）上制定。

（一）价值流损益表

价值流损益表以方便用户的方式重新组织和报告信息。传统的损益表提供的是货物销售成本、已分配的间接费用和制造差异等信息；而价值流报表则强调材料采购、员工和设备成本、设施成本，使用价值流团队所有成员都能理解的简单语言。表1以具有两个价值流的某一设备为对象，对传统损益表和价值流损益表进行了比较。

表1　传统损益表和价值流损益表　　　　　　单位：美元

传统的工厂整体损益表

销售收入	5563374	100.00%
销售成本	3711884	66.70%
毛利	1851490	33.30%
材料差异	24485	0.40%
人工差异	31380	0.60%
间接差异	64527	1.20%
废料	34392	0.60%
差异总额	154784	2.80%
营业毛利	1696706	30.50%
营业费用		
销售支出、一般性支出及管理支出	96006	1.70%
分配成本	429797	7.70%
营业支出总额	525803	9.50%
营业净收入	1170903	21.00%

价值流损益表

	价值流1	价值流2	维持费用	工厂整体
销售收入	2708333	2855041		5563374
材料成本	1040000	691189		1731189
人工成本	190667	393575	358963	1095413
设备相关成本	156000	357682		496780
占用成本	120022	234826	36528	391376
其他价值流成本	296942	114461		411043

续表

价值流损益表				
	价值流1	价值流2	维持费用	工厂整体
价值流利润	904702 33%	1063308 46%	(395491)	1437213 28%
库存减少或（增加）				181436
利润				1255777
公司分配				84874
营业净收入				1170903
销售利润率（ROS）				21.0%

需注意的是，整个设备的销售收入和利润都是相同的，不同之处在于将成本分配给价值流以及这些成本的呈现方式。只要可能，组织将成本直接分配给价值流，而不是成本对象，其中包括与人员和机器有关的费用。在某些情况下，某项特定资源并非专用于特定的价值流，而是在多个价值流之间共享。组织必须使用简单的作业驱动因素对这类成本加以分配。组织必须尽量减少这些需要分配的重要费用。其他主要差别包括：

（1）维持费用：一个不同之处是将支持整个设施但不能直接与价值流相联系的必要费用分离开来。这些费用被视为维持费用，在报表上单独列出。这些成本通常包括设施成本、管理和支持人员成本以及IT和人力资源等与价值流没有直接关联的其他职能成本。组织不需要将这些成本分配给价值流，而是单独加以报告和控制。

（2）库存变化：精益方法会降低库存。在传统会计中，库存变化会影响到公司的盈利能力。而在精益会计中，这些库存变化被分离出来并作为"线下"调整项目。这些库存变化是针对整个实体进行报告的，而非针对单个价值流。这能让报表使用者清楚了解库存变化的影响，同时为价值流管理者提供有关价值流真实盈利能力的信息，这些信息不会受到复杂的完全成本法的干扰。当价值流库存变得非常低时，这个问题基本上就不复存在了。

（3）占用成本：设施成本，如电费和财产税，可根据每个价值流实际使用的面积来分配，这能激励团队千方百计地减少占用空间。所释放的产能在价值流报表中得到突出显示，并凸显出业务增长的关键机会领域。组织不会试图分配全部的设施费用，而价值流管理人员仅就其占用的空间承担费用。

剩余空间的相关费用由维持费用承担。价值流损益表的最后一个方面涉及报告频率。这些报表通常每周提供一次。周报表具有利用近期记录的优势。在处理与前一周有关的信息时，价值流团队成员可以更容易地将行动和决策与其影响关联起来。更高的报告频率让价值流管理人员能够更好地控制成本。

（二）价值流单位成本

标准产品成本核算的做法与精益原则互相对立。由此引发的一个问题是，由于精益组织处于不断改进和变化之中，而标准成本是预先确定的，通常是过时的，且对于当前的决策制定而言也不够准确。第二个问题是，通过标准成本核算系统来管理业务需要监测和解释无数的制造差额。绝大多数信息都过于滞后，对车间而言没有诊断价值。第三个问题是，这些差额很容易受到操纵，只要允许库存高于必要水平即可。第四个问题是，跟踪和监测这一信息需要复杂、浪费资源的报告系统。

价值流成本核算法是方便、实时地监控产品成本的工具。价值流单位成本可以用价值流总成本（列示在价值流损益表中）除以装运总数量计算得出。例如，表1中第一个价值流的总成本为1803631美元，装运总数为150000，我们可以计算得出价值流单位成本为12.02美元。以装运总数量作为基数可以激励相关部门和人员减少库存而不是形成过多库存。产品或服务的平均成本是一项绩效衡量指标，同时也是流程改进的常规衡量指标。但组织还有两个问题需要解决：产品成本以及这些成本每周的变化。精益公司的目标是持续降低成本，且成本在每周之间的波动很小。许多公司发现，成本周报告揭示了以前未能认识到、存在于销售和运输流程的不稳定性。这种不稳定性（通常是因内部预算和激励措施引起的）对流动、成本、产能利用以及客户服务都会造成不利影响。

七、决　　策

一旦某个设备建立了清晰的价值流，价值流成本核算就会变得快速、简单、易于实施，而且还能为业务控制和外部报告提供所需的财务信息。但它不能提供产品成本。在价值流成本核算中，我们核算的是价值流的成本，而不是产品成本。组织在不了解产品成本的情况下，可能难以了解某个业务是如何运行的。公司使用标准产品成本可能出于以下一些原因：

（1）利润率和盈利能力分析；

（2）产品定价和报价；

（3）自行生产或外购决策；

（4）绩效衡量指标；

（5）财务报告；

（6）产品或客户优化；

（7）衡量成本改善情况；

（8）转移定价；

（9）存货估值。

我们将针对这些需求逐一进行讨论，说明如何使用价值流成本核算信息来满足这些需求。

（一）利润率和盈利能力分析

组织可以运用整个价值流的利润率和盈利能力数据，以评估新的销售计划或报价、产品或客户请求所产生的财务影响。

比较单个产品的价格和标准产品成本可能具有误导性，这是因为标准产品成本无法反映交易的真实财务影响。显示整个价值流的盈利能力能够提供正确和有用的信息。例如，假设一家公司收到某个主要客户的报价请求。在接下来的12个月里，客户计划每月购买2500台该公司生产的标准产品，全年合计购买3万台。客户提供的目标价格为每台130美元。而该产品的标准成本为137美元，如此看来，该公司将在每台产品上损失7美元，合乎逻辑的决定是不接受客户的订单。

然而，当我们从价值流成本核算的角度来审视这项销售提议时，我们将看到一个完全不同的景象。为了完成这项订单，该公司需要投资采购新设备，增加3名员工。表2显示了价值流的成本信息。

如果从价值流角度衡量该订单，我们可以看到此项交易并非无利可图。该订单每月可为公司带来143699元的额外利润，而且能让价值流的盈利水平从33.4%提高至34.6%。

表 2　　　　　　　　　　　　新订单决策月度数据

项目	现状	接受新订单	变化
营业收入（美元）	2708333	3033333	325000
材料成本（美元）	1040000	1215000	175000
人工成本（美元）	190667	193367	2700
机器成本（美元）	156000	159600	3600
其他转换成本（美元）	416964	416964	0
利润（美元）	904703	1048402	143699
利润率（%）	33.4	34.6	1.2

是否接受该订单是一个业务决策。除了考虑订单的相关成本和盈利水平之外，公司还需要考虑许多其他因素。但从财务的角度来看，该订单能带来不菲的利润。标准产品成本和利润率提供了误导性信息，从而导致决策失误。价值流成本核算所提供的信息可以带来更好的决策。

在精益会计系统下，组织用于决策的大多数财务分析都使用了相关变化提议给整个价值流的盈利能力带来的影响，而不是对单个产品的影响。一些企业采用作业成本法（ABC）来进行流程成本核算，而上述方法与这一做法保持了一致。

（二）产品定价和报价

大多数组织十分注重客户价值，其中的一些组织取得了成功，但大部分组织却只能黯然神伤。以所有的精益原则衡量，大多数公司都不属于"精益"公司，它们只是采用了精益生产的某些要素。作为精益思维的基本原则，"精益生产"高度重视客户价值，为组织成功做出了重大贡献。精益组织通过形式化方法来理解和量化为客户所创造的价值。目标成本法建立了一个定义价值和成本的框架。公司对于自身产品、服务以及其他属性为客户创造的价值有着清晰而深刻的理解，并据此来制定所有产品价格。

传统的产品定价方法是将成本作为确定产品暂定售价的一个重要因素（而后视需要，根据其他因素进行调整）。我们可以将这一方法简化为：

$$价格 = 标准产品成本 + 利润$$

精益组织使用了目标成本法，将这一等式修改为：

$$成本 = 价值 - 所要求利润$$

即便传统公司也并不完全依赖成本加成定价法为产品定价，因为这些公司的销售和营销人员很快就能了解到哪些产品客户愿意购买，哪些他们认为不值得购买。成本加成定价法是从自身角度出发的，其侧重于收回成本，而不是最大限度地为客户创造价值。

以价值为基础实现成功定价，所需要的不仅仅是了解"市场的承受能力"。实现成功定价需要采用积极主动的战略来确认客户价值、提供物超所值的产品及服务、为公司产品和服务定价，从而获得强劲的整体盈利。此外，价值流成本有助于组织了解不同系列产品的盈利能力。

丰田汽车不断展现着自身在战略价值方面的定价能力。丰田品牌汽车定价相比由美国制造商生产的同类车型高出约 2000 美元。但公众热度不减，成千上万辆丰田品牌汽车销售一空，因为丰田品牌汽车的可靠性、外观设计和功能赢得了客户的高度信任。

丰田公司设计推出雷克萨斯品牌的初衷是媲美梅赛德斯和宝马等欧洲知名汽车制造商推出的产品，但定价却比竞争对手低 1 万 ~ 1.5 万美元。雷克萨斯销量势不可挡，而欧洲汽车品牌则遭受重创。

丰田公司在 20 世纪 90 年代末便意识到，"面向 21 世纪的汽车"必须是环保汽车，因此该公司迫不及待地开发了普锐斯等品牌的混合动力汽车。尽管混合动力汽车价格远远高于丰田推出的传统汽车，却迅速赢得了消费者的青睐，因为部分消费者看重的是丰田汽车车型的低油耗和低排放。

我们在其他两篇公告《实施目标成本管理》和《实施目标成本管理的工具和技术》中更为详细地探讨了目标成本法及其应用。

（三）自行生产或外购决策

回到上文所举的例子，如果公司对产品的盈利能力不甚满意，可能会做出决定，将产品外包给当地供应商生产。供应商生产产品报价为 115 美元。按照单位产品 130 美元的目标价格计算，公司可获得 12% 的利润。尽管好于亏损，但这家公司仍然认为利润率偏低。

通过价值流成本核算比较自产或外购两种方式，过程十分简单，结果如表 3 所示。

表 3　　　　　　　　　　自行生产或外购决策

项目	现状	自行生产	通过当地供应商购买
营业收入（美元）	2708333	3033333	3033333
材料成本（美元）	1040000	1215000	1327500
人工成本（美元）	190667	193367	190667
机器成本（美元）	156000	159600	156000
其他转换成本（美元）	416964	416964	416964
利润（美元）	904703	1048403	942203
利润率（%）	36.0	35.0	31.1

将产品外包由当地供应商生产，无法为公司提供任何经济利益。根据上述分析，由公司自行生产产品对公司更为有利。我们需要再次认识到，一项业务决策背后涉及公司须予以考虑的许多其他问题（包括非财务问题）。但从财务角度来看，自行生产对公司更有裨益。

（四）绩效衡量指标

与大规模生产相关的传统衡量指标包括财务和非财务指标，如劳动效率、机器利用率、工时、间接成本摊销、采购价格差异（PPV）以及其他类似指标。运用上述指标绩效可能会鼓励组织采取非精益行为。

这是否意味着传统的绩效衡量指标不尽如人意？答案是否定的。如果公司致力于成为传统的大规模生产商，这些指标完全可行。但如果公司力求成为精益制造商，这些衡量指标则有欠妥当。这些工具本身不存在任何问题，但对于精益企业而言，并不是恰当的工具。

工时、劳动效率和机器利用率这类衡量指标会导致怎样的行为发生呢？这些指标旨在激励员工最大限度完成单日或单周标准工时，还鼓励员工采取量产以及大批量生产方式，以便尽可能地减少设备调整时间产生的影响。生产人员将以大批量方式进行生产，生产环节缺乏秩序，并且如同"采摘樱桃"一般挑选那些工时较高的生产岗位。这一情况可能形成一种倾向，即以牺牲质量为代价一味追求数量。反过来，这将增加公司对生产环节的检查频率。简言之，这些衡量指标会促使人们做出一些与精益生产背道而驰之事：建立库存，最大限度地提升效率，并以大批量生产方式代替单件生产，从而妨碍公司向精益流程转型。

哪些行为是差异分析（如间接成本摊销和PPV）所驱使的？这些衡量指标带来的结果与差异分析如出一辙。例如，如果一位主管、一条生产线或一个部门在每个月的第3周仍未消化足够多的间接费用，那么，必须怎么做才能分摊更多的间接费用呢？答案当然是增加库存。随着额外库存的建立，所间接费用会更多地被分摊掉，而当月表面盈利水平也将随之提升。如果将PPV作为采购业务的主要衡量指标，那么专注于该指标会产生怎样的结果？你会获得大批价格低廉的材料，导致原材料和零部件库存升高，而这些原材料和零部件往往是相距遥远的供应商提供的。上述企业行为非常适合于大规模生产模式，但对于精益生产而言却是灾难性的，因为这些行为导致库存攀升，破坏了材料流动，严重影响了企业灵活性，加大了存货陈旧过时风险，最终削弱了客户价值。

精益生产需要采用新的指标衡量绩效。精益生产单元所使用的绩效衡量指标通常侧重于与完成客户订单所需时间相对的小时生产率。这些衡量指标涉及生产数量、产品质量以及拉动系统的性能。此外，这些指标能够提供精益车间主控制系统，无需配备以交易为基础的复杂控制系统。有关精益绩效衡量指标的详细说明不在本公告的讨论范围之内，而精益组织绩效衡量指标将在《通过战略协同，实现卓越业绩：利用方针管理将精益生产措施与商业战略联系起来》中进行更为深入的探讨。

价值流同样需要一组位数不多但保持平衡的绩效衡量指标，以推动价值流的持续改进。这些衡量指标（通常）每周连同价值流损益表和统计表（将在下文详细阐述）同时呈报。精益衡量指标通常旨在解决以下问题：

（1）整个价值流的生产率（如人均销售额）；
（2）材料和（或）信息在价值流中的流速（如进料到出货天数或订单到现金天数）；
（3）价值流标准化作业能力（如一次通过合格率）；
（4）整个价值流的流程控制总体水平（如按客户要求的日期准时发货）；
（5）价值流成本（如单位产品的平均成本）；
（6）客户需求的满足情况；
（7）团队成员的参与情况；
（8）安全。

此外，精益组织针对工厂或组织分部设定了绩效衡量指标。这些指标再次聚焦精益生产，旨在激发适当的精益行为，同时为由多个价值流组成的整个组织提供高水平的财务和运营控制。

这套完整的衡量指标是根据公司的精益战略制定并相互联系的，以确保公司获得充分授权的员工享有共同的激励措施。衡量指标通常以可视化形式在完工地发布，并且由作业执行人员手动维护。通常不需要对相关指标进行任何算术汇总。例如，以小时为单位的衡量指标通常出现在单元展示板上，旨在确保生产符合进度要求。当天结束后，展示板上的内容将被擦除，汇总失去了意义（尽管生产数量通常会移至电子表格中，以便组织能够借此识别趋势）。价值流层面的影响反映在准时交付以及其他客户服务指标之上。类似指标包括调试时间、一次通过合格率、作业设备效能等。

通常，还有一组细分指标被视作衡量绩效的关键指标。名为"统计表"（box score）的列示方法有助于将这些关键指标显示在突出位置。表4展示了统计表格式，其中列示了示例公司的相关数据并将指标细分为运营指标、产能指标和财务指标。该格式可反映相关变化对运营指标的直接影响以及可用产能的变化。对财务指标的影响通常滞后于这些变化，并在很大程度上取决于组织如何利用新增的可用产能。

表4　　　　　　　　　　　统计表格式

项目	上周	本周	下周	规划的未来状态
运营				
人均产量（件）	466	470		559
准时发货率（%）	92	92		98
进料至交货生产时间（天）	15	15		8
首次通过率（%）	65	68		82
产品平均成本（美元）	112.75	111.20		97.61
应收账款周转天数（天）	42	43		42
产能[1]				
生产性产能	24%	24%		29%
非生产性产能	63%	63%		45%
可用产能	13%	13%		26%
财务				
销售收入（美元）	2708333	2750420		3277083
材料成本（美元）	1040000	1056161		1131312
转换成本[2]（美元）	693333	698560		669275
库存（美元）	3120000	3112000		1664000
利润（美元）	975000	982000		11476496
销售利润率（%）	36	36		45

注：[1] SMA《通过战略协同，实现卓越业绩：利用方针管理将精益生产措施与商业战略联系起来》更深入地探讨了产能测算问题。[2] 转换成本代表的是除材料以外的所有价值流成本。

绩效衡量指标旨在帮助组织开展业务、服务客户、推动改进以及向全体员工提供充分授权。传统方法强调使用绩效衡量指标监测和约束普通劳动力,而上述方法与之形成了鲜明对比。

(五) 财务报告

财务报告无需报告标准产品成本。价值流成本核算适用于所有的财务报告,其中包括提交运营部门、公司办公室的内部报告以及提供给股东、美国证券交易委员会(SEC)、美国国税局(IRS)等的外部报告。存货估值部分说明了如何根据外部报告目的确定期末存货余额的价值。

(六) 产品或客户优化

组织还可以使用价值流成本信息以及价值流统计表来制定与产品和客户优化相关的决策。一家公司利用产品具体信息确定利润率较低的产品。该公司认为、停止生产相关产品,能够提高整体盈利能力。然而,产品停止生产之后,价值流的盈利能力却急剧下降(如表5所示),原因在于产品取消后,"低利润"产品的标准产品成本所包含的大部分成本并未随之消除。实际情况是,该公司改善了客户服务,为价值流提供了可用产能,但只减少了部分价值流成本。表6中的统计表显示了这些变化产生的影响。

表5　　　　　　　　　　　产品优化方式

项目	现状	不存在"低利润"项目
营业收入(美元)	2708333	2437500
材料成本(美元)	1040000	977600
人工成本(美元)	190667	190667
机器成本(美元)	156000	156000
其他转换成本(美元)	416964	416964
利润(美元)	904703	696269
利润率(%)	36.0	28.6

表 6　　　　　　　　　　　　　　产品决策的影响

项目		现状	不存在"低利润"项目	引入新产品
运营衡量指标	人均产量（件）	466	395	521
	准时发货（%）	92	99	99
	进料至交货生产时间（天）	15	7	5
	首次通过率（%）	65	75	75
	平均成本（美元）	112.75	128.23	111.12
	应收账款周转天数（天）	42	35	35
产能	生产性产能（%）	24	18	28
	非生产性产能（%）	63	35	42
	可用产能（%）	13	47	30
财务	营业收入（美元）	2708333	2437500	3791666
	材料成本（美元）	1040000	977600	1216569
	机器成本（美元）	693333	693333	693333
	利润（美元）	975000	766567	1881764
	销售利润率（%）	36	31	50

取消这些令人烦恼的产品虽然提高了公司的经营业绩，却增加了公司的平均成本，导致了利润的下降。与此同时，公司释放了34%的可用产能，这一点十分关键。只有通过引入新的、能带来高收入的产品，利用由于取消"低利润率"产品所释放的部分产能，让闲置产能得到确认和有效利用，公司才能从这一新增产能中获益。这一观点与许多公司的实际体会不谋而合：这些公司发现作为实施作业成本法的一部分，消除或减少非增值性作业本身远远不够，还需要将过剩产能用于产品生产、消除过剩产能。

（七）衡量成本改善情况

在向精益企业转型时，组织需要清楚地认识正在发生的改变将会带来怎样的影响，这一点非常重要。许多公司希望在引入精益生产和其他精益方法之后，能够显著降低短期成本。从长远来看，精益生产是一种低成本的生产方法，但成本节约并不是短期内能够实现的。虽然公司的确能够在短期内节约某些成本，但是随着诸多方面的精益生产原则被逐步引入且日渐成熟，通常在较长周期内才能实现显著的成本节约。组织在实施精益改进时，重要的是真正了解精益变革所带来的影响，并通过这些变革实现公司的财务效益。组织应该注意到以库存周转率或库存供应天数来衡量的库存水平会在短期内出现显著改善。通过大量减少废料、加班费、赶工费用以及仓库租赁费用，组织可以节省一些短期费用。

大多数精益改进计划的主要目标（特别是短期目标）是消除公司流程存在的浪费现象。当浪费现象得以消除时，公司或许可以实现成本节约，但大部分减少的浪费转化为了可用产能。这些精益变革能否带来财务效益取决于公司如何利用新释放的产能。表7以示例公司的某个价值流为例进行了说明。

表7　　　　　　　　　　　评估变化的短期财务影响

	项目	现状	短期的未来状态
运营衡量指标	人均产量（件）	466	466
	准时发货（%）	92	98
	进料至交货生产时间（天）	15	10
	首次通过率（%）	65	82
	平均成本（美元）	117.32	115.23
	应收账款周转天数（天）	42	42
产能	生产性产能（%）	24	24
	非生产性产能（%）	63	44
	可用产能（%）	13	32
财务	营业收入（美元）	2708333	2708333
	材料成本（美元）	1040000	1019200
	机器成本（美元）	763631	752176
	利润（美元）	904703	936957
	销售利润率（%）	33	35

这家公司通过绘制"当前状态"图，启动了该价值流的精益变革计划。而后，公司绘制了一份"未来状态"图，其中包括一些旨在消除整个价值流现存浪费现象的重大变革。在着手实施精益变革所需的改进项目之前，团队计算了未来状态对价值流的预期影响。我们可以看到，运营指标出现了显著改善，其中包括更准时的发货、更少的库存和更高的质量。但财务影响却相当小。由于减少了物料浪费现象，公司节省了一些费用，但其他方面取得的节约成效却不大。因此，成本几乎没有降低，利润也没有多大改善。

精益变革给价值流带来的重大影响体现在非生产性产能的减少以及可用产能的增加。

当新增的可用产能用于创造公司效益时，这些变革给价值流带来的财务效益才会显现出来。可用产能可用于增加销售，引入新产品，向客户提供更多服务，由公司自行生产当前外包的产品或零部件，以及带来其他一些能够增加收入和（或）降低成本的变化。

  这些变革所带来的另一个重大影响是库存水平的大幅下降。这在很大程度上是因为公司仅仅根据需求进行生产，并通过现有的成品库存来满足订单。直接影响体现在库存变化指标上，例如库存供应天数及库存周转率。但是，极为重要的一点是，我们需要注意随着现有库存的消耗，库存从资产负债表转移到损益表中的货物销售成本上，公司的净收益将会减少，这是因为公司需要在当期确认那些之前被资本化为产成品库存的间接费用。至关重要的一点是，公司需要预见到这一不利的财务影响，并对高层管理人员进行传达，使其认识到这只是一种短期现象。当库存水平降至理想低位且订单需求主要通过生产来加以满足时，上述情况将发生逆转。

  此外，公司还可以通过裁员和出售设备来降低成本。但是，进行精益转型并取得成功的公司会努力做出承诺：没有员工会因为精益变革而失业。公司不能只顾授权员工推行精益变革，却在变革完成之后"让他们走人"。这将妨碍公司进一步推行精益变革。然而，通过员工流失和减少加班，公司可合理预期劳动力成本的降低。此外，减少租用的仓库面积也不失为可行的方法。

  制定关键决策意味着制定计划，利用新增可用产能为公司创造财务和运营效益。相关决策必须在实施改进流程之前制定，因为既定计划通常需要经过一定时间才能取得成果并带来显著的财务改善。就示例公司而言，该公司引入了新产品，自行生产某些组件，并将生产从分批排队模式转向单件流单元制造模式所释放的多余空间对外出租。

  表明，价值流的产出具有很大的增长空间，因为仍有相当多的可用产能有待公司利用。

表 8   评估产能增加的财务影响

	项目	现状	短期的未来状态	长期的未来状态
运营衡量指标	人均产量（件）	466	466	559
	准时发货（%）	92	98	98
	进料至交货生产时间（天）	15	10	8
	首次通过率（%）	65	82	82
	平均成本（美元）	117.32	115.23	101.28
	应收账款周转天数（天）	42	42	42

续表

项目		现状	短期的未来状态	长期的未来状态
产能	生产性产能（%）	24	24	29
	非生产性产能（%）	63	44	45
	可用产能（%）	13	32	26
财务	营业收入（美元）	2708333	2708333	3277083
	材料成本（美元）	1040000	1019000	1131312
	机器成本（美元）	763631	752176	737133
	利润（美元）	904703	936957	1408638
	销售利润率（%）	33	35	43

（八）转移定价

大多数公司之所以将产品成本分配计入单件产品，转移定价是唯一的合理解释。

在同一组织内部，当产品从一个位置转移至另一位置，且位置处于不同国家或地区，组织通常有必要根据产品成本来确定转移价格。但是，某些公司是根据其产品价格而非产品成本来计算转移价格；然而，大多数公司使用产品成本作为转移定价的基础。当转移定价（或其他需求）需要产品成本数据时，我们建议组织根据特点和特征选择产品成本核算方法，相关讨论请见下文。

（九）存货估值

随着精益方法的逐步推行，公司的库存水平会随之大幅下降。精益公司的库存会减少50%~90%，这一点很常见。当库存水平下降时，库存价值就不再那么重要，重要性显著下降。除了库存水平下降之外，材料也得到了更好的控制。这种控制程度是由低库存、可视化控制、针对供应商的拉动系统以及价值流团队承担的采购和库存控制责任共同作用下形成的。

当库存水平较低且受到有效控制时，组织可以采用简单的存货估值方法。当库存高企且失控时［这是许多制造商、经销商和服务组织（如医院）所面对的常见情况］，组织必须使用计算机系统进行跟踪，采用产品成本来进行估值，并使用实物库存（或循环盘点）来保持其准确性。当组织采用精益方法来控制库存时，就无需再采用这些费时费力的方法。我们将在下文列举一些简单的存货估值方法。

（1）库存天数。对于精益公司来说，跟踪采购材料、在产品（WIP）和产成品的库存天数是常见做法。作为一项绩效衡量指标，库存天数主要用于测量物料流通过价值流的流速。获取相关信息后，公司能够轻松计算出存货价值。在表 9 中，价值流中当月材料成本为 10 万美元，即每日 5000 美元（当月计算天数为 20 天）。价值流中的转换费用总额为 15 万美元，即每日 7500 美元。如果其中 8 天对应原材料成本，那么估值为 8 × 5000 美元，即 4 万美元；其中 3 天对应在产品成本，其价值等于 3 天的材料成本加上 1.5 天的转换成本（假设在产品平均处于半完工状态）。产成品的价值为 12 天的材料成本加上 12 天的转换成本。

表 9　　　　　　　　　　　存货价值示例

	本月	每天
材料成本（美元）	100000	5000
转换成本（美元）	150000	7500

项目	原材料	在产品	产成品
天数（天）	8	3	12
材料成本（美元）	40000	15000	60000
转换成本（美元）	0	11250	90000
存货价值（美元）	40000	26250	150000

（2）材料成本加转换成本天数。一些精益公司跟踪其库存材料成本，然后根据天数计算转换成本。上例中，我们已知材料成本总额为 115000 美元（已作为库存数据在资产负债表上列示）。月底，财务主管需要在资产负债表上编制有关转换成本的转回分录，其中 13.5 天为转换成本天数，12 天为产成品天数，1.5 天为在产品天数。公司将转换成本计入资产负债表存货数据的借方，即 13.5 × 7500 美元 = 101250 美元。

（3）产成品数量。拥有大量产成品库存的公司可采用某些方法来计算产成品的价值。假设某公司拥有 90 个单位的产成品库存，并在当月生产了 150 个单位。产成品库存的价值为本月的价值流总成本（100000 美元 + 150000 美元，即 250000 美元）乘以 90/150（0.6），即 25000 美元 × 0.6 = 150000 美元。鉴于该公司拥有 190 个单位的产成本库存，而非 90 个单位，多于本月生产的 150 单位，在这种情况下，产成品库存需要按本月价值流总成本加上上月总成本的 40/150（假设上月生产量也为 150 个单位）进行估价。此处假设本月生产的 150 单位全部计入产成品库存，再加上上月生产的 40/150 单位。[换言之，我们通常假定采用先进先出（FIFO）法处理库存流动]在库存水平较低并受到有效控制且实施拉动系统的情况下，这个假设一般来说是正确的。

（4）平均成本。组织常常跟踪价值流中的产品平均成本并将其作为每周工作的主要绩效衡量指标。产成品库存价值可以通过库存数量乘以当月产品平均成本来计算。如果产成品库存中存在时间在一个月以上的库存，那么，组织还需要用到此前数月（或数周）的平均成本数据。这种方法假设组织采用 FIFO 法作为库存管理方法，同时库存流动获得了良好的控制且二者通过合理结合实现了协调一致。

（5）产品成本。如果某家公司拥有较大的产成品库存，那么该公司所采用的估值方式将更为传统。虽然许多公司已将精益方法熟练应用于生产环节，采购材料及在产品库存相当之少，但产成品库存却保持了较高水平，原因在于这些公司将产成品存放在许多分散在不同地理位置的仓库之中。它们需要采取方法对库存进行评估，直至解决需要转运高库存的问题。

在这些情况下，组织有必要跟踪计算机系统上的产成品数量并记录每件产品的成本。相比利用"特点和特征成本核算方法"（F&C）计算产品成本，这是一种传统的成本计算方法。F&C 通常比标准成本更易计算，数据也更为准确。当组织存在因有待解决的某些问题引发的库存高企现象，可将该方法用于存货估值。

公司怎样才能了解有多少库存？尽管传统公司不喜欢进行实物盘点，但这项工作必须要做。盘点计数可能需要几天时间才能完成。传统公司耗费资源用于盘点、报告和库存数据核对，同时盘点还会对生产环节造成干扰。虽然实物盘点可能有利于审计师开展工作，但对公司却没有任何实际帮助。

许多公司试图通过定期循环盘点来"解决"上述问题。这些公司并未按年度进行全面的库存清点，而是每周完成部分实物盘点。对昂贵产品的盘点频率要高于便宜产品。当然，盘点虽然浪费了公司的资源，但方便审计师进行审计，并有助于资产负债表数据保持准确。

精益公司所采取的方法却截然相反。这些公司重新采用完整的实物盘点流程，不是每年一次的实物盘点，而是每月甚至每周的实物盘点，原因在于完整的实物盘点流程快速而简单。当库存水平较低且得到可视化控制时，盘点是一项非常容易的工作。通常情况下，组织不必盘点实际部件，只需要盘点"看板"（Kanban）即可。材料和零部件存储于标准货柜中，每个货柜具有标准的看板数量，因此，组织能够轻松地盘点货柜数量或与之相关联的看板卡片数量。

精益组织通常不再需要跟踪计算机系统上的库存水平。如果可视化控制切实有效，就不再需要第二个并行的跟踪系统。

（十）精益会计决策综述

组织在采用精益会计方法时，做出的与盈利能力、自产或外购、外包、产品与客户优化等事项相关的常规决策均使用了价值流成本和盈利能力信息，而非单个产品的成本信息。组织可根据相关事项对整个价值流的影响做出决策，而无需再计算产品或订单的利润。

对于使用价值流成本核算的公司而言，使用完全成本法计算单个产品成本毫无助益。鉴于完全成本法所依据的基本假设及其在提供更为"准确"的产品成本同时，导致的更为复杂的成本分配问题，完全成本法有欠完善。这一方法提升了成本核算的复杂程度，给公司带来了不必要的麻烦。[①] 一般而言，组织所采用的成本核算方法需要准确反映作业水平变化所带来的成本影响。价值流会计方法就是这样一种成本核算方法。使用价值流成本信息制定日常决策通常具有快速、简单且准确的特点。组织无需计算产品成本；价值流成本核算方法提供了更好的信息，随之而来的是更优的决策。价值流信息更适于组织进行决策制定，因为：

（1）价值流信息反映组织真实情况，不包含完全分摊产品成本核算所涉及的（往往是令人费解的）复杂假设。

（2）借助价值流信息，管理者能够清楚地理解成本和收入信息，从而制定出更为明智的决策。

（3）财务信息都是最新信息，通常反映最新一周的情况。

组织在制定决策时，可将即将发生的真实成本的变动反映在价值流成本信息之中。组织拟采取的行动所带来的影响则反映在价值流具有的盈利能力上。这一做法提供了准确且易于理解的信息，体现了决策对价值流的真实影响。这种成本和盈利能力分析可以

[①] Kaplan, Robert S., and Anderson, Steven R. "Time Driven Activity-Based Costing," *Harvard Business Review*, November 2004.

很容易通过计算得出结论，因为当期价值流损益表是现成的，而且拟采取行动所带来的影响也能快速且轻易地计算得出。某些情况下，这些计算适用于评估单个方案，但组织往往需要评估多个方案以了解各个备选方案对财务的真实影响。

八、特点与特征

精益会计方法基本上不需要计算产品成本，因为组织不再需要传统的产品成本信息：

（1）在传统公司中，产品价格往往在很大程度上取决于产品成本。精益公司则根据产品对客户或市场的价值对产品定价。

（2）传统企业需要产品成本来计算库存价值。精益公司的库存水平非常低，（而当库存水平较低时）可采用更简单的方法对库存定价。

（3）传统公司使用产品成本来确定订单、客户或系列产品的盈利能力并据此做出决策。此外，在做出自产、外购或外包决策时，传统公司也会依赖产品成本。精益公司在制定这类决策时则采用价值流成本核算；精益公司评估这类决策给整个价值流的利润和盈利能力带来的影响，而非针对单个产品。

（4）传统公司通过评估生产差异监测生产效率。而精益公司依靠车间相关指标和统计表来了解绩效及改进带来的影响。由于组织不再需要了解产品成本，因此其无需维持复杂的核算系统，如用来计算每种产品成本的标准成本核算。如果组织需要了解某种产品的成本，则可以"根据需要"很快计算得出。

当组织需要产品成本数据时，通常采用"特点和特征（F&C）成本核算法"。根据该成本法，产品成本不是由制造产品所需的劳动时间（或机器时间）决定的，而是由产品通过价值流的流速决定的。[①] F&C 产品成本核算法有助于组织确定影响到产品通过价值流流速的相关特点和特征。

现举下例加以说明（见图 1）。某个价值流生产三种产品：X、Y 和 Z，每种产品涉及三个单元，每个单元配置了团队成员和机器。通过价值流成本核算方法，我们可计算出价值流的转换总成本（不包括材料）为每小时 1000 美元。

---

① 产品成本核算的特点与特征方法反映了高德拉特（Eli Goldratt）及其合作伙伴在"约束理论"（TOC 运动）中提出的一些方法。TOC 提供了一个很好的理论框架来理解成本是由流速而不是劳动时间决定的，这一点在《目标》（The Goal）一书中得到了巧妙的印证。科贝特（Thomas Corbett）在《有效产出会计》（Throughput Accounting，North River Press，1998）一书中对产量成本法做了全面的阐释。

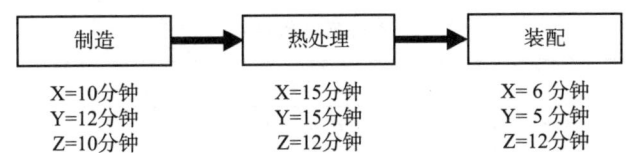

图 1　瓶颈对产品成本的影响

每小时能够生产多少件 X 产品？4 件。通过热处理炉的流量将产量限制为每小时 4 件。瓶颈（或约束）作业的周期时间为 15 分钟；所以整个价值流的周期时间为 15 分钟。我们每 15 分钟可以生产 1 件 X 产品。

如果 1 件 X 产品的材料成本为每单位 200 美元，转换成本为每小时 1000 美元，那么产品的总成本为：

$$200 + 1000/4 = 450（美元）$$

产品 Y 与此类似。价值流每小时可以生产 4 件 Y 产品。如果 Y 产品的材料成本同为 200 美元，那么 Y 产品的成本与 X 产品相同：

$$200 + 1000/4 = 450（美元）$$

通过本例，我们可以明显看出 X 产品和 Y 产品的标准产品成本计算提供了错误和误导性的信息：Y 产品的成本比 X 产品高，因为用于生产 Y 产品投入的劳动力和（或）机器时间更多（X 产品 = 31 分钟；Y 产品 = 32 分钟；Z 产品 = 34 分钟）。实际上，价值流成本不是根据所需工时数来计量的，而是根据产品经过价值流的流速计量的。

另外，产品 Z 流经价值流的速度更快，因为该产品通过瓶颈作业的周期时间仅为 12 分钟，且价值流每小时可以生产 5 件 Z 产品。如果 Z 产品的材料成本同为每单位 200 美元，那么 Z 产品的产品成本为：

$$200 + 1000/5 = 400（美元）$$

尽管生产 Z 产品需要投入更多的劳动力和（或）机器总时间，但 Z 产品的成本却低于 X 产品。产品成本主要与流经价值流的流速有关，而不是生产产品所需的劳动力或机器时间。

F&C 产品成本核算方法通过创建一个简单的矩阵，反映产品（或服务，如果计算服务成本）的特点和特征，这些特点和特征是影响产品流经价值流流速的真正因素。在上文所举的简单例子中，流经热处理炉的流速由产品的尺寸和材料类型决定：普通钢或不锈钢。平均转换成本表示将材料转换为产成品所需的劳动力和支持成本。表 10 列示了这一转换矩阵。

表 10　　　　　　　　　　　　　　　产品成本转换

尺寸	普通钢	不锈钢
小型	0.80	1.20
中型	1.00	1.25
大型	1.50	2.00

注：平均转换成本 = 200（美元）。

产品 Z 是由普通钢制成的中型产品。Z 的成本为：

$$材料成本 + 平均转换成本 \times 1.00$$

$$200 + 200 \times 1.00 = 400（美元）$$

产品 X 和产品 Y 是由不锈钢制成的中型产品。两者的产品成本为：

$$200 + 200 \times 1.25 = 450（美元）$$

通过这一简单矩阵，一旦掌握了产品的特点和特征（在本例中是指钢材的类型和产品的尺寸），我们就可以计算任何产品的成本。这一转换成本是根据价值流所生产产品的平均成本计算得出的，该平均成本可根据需要随时更新。

材料成本通常是根据最新的实际材料成本或最新的平均实际材料成本将物料清单分解计算得出的。在某些情况下，采用相同的特点和特征核算方法也可能推导出材料成本。例如，一家制造橡胶密封件的公司发现产品的转换成本取决于橡胶的类型（影响到材料固化时间）以及压制产品所使用模具的模腔数量。20 腔模具所压制产品的成本是 10 腔模具所压制产品的一半。此外，材料成本还取决于产品的两个相同特点。材料类型决定了每磅成本，而每个模具的模腔数量决定了生产产品所需的材料量。

材料成本和转换成本由相同的特点和特征决定。

值得注意的是：使用特点和特征法计算产品成本可以得到更准确的产品成本，而且同基于生产流程信息的标准产品成本计算方法相比，（通常）要简单得多，但仍然不适用于大多数决策。通过特点和特征法计算产品成本，唯一的合理用途是确定转移定价以及当库存水平高企时对产成品库存进行估值。

九、精益预算和财务规划

精益组织的财务规划相比传统公司的财务规划更具动态性。精益组织（通常）每月执行一次规划和预算编制流程，以便为整个组织制定综合"战略"。上述流程通常被称为销售、运营和财务规划（SOFP）。

预算是通过正式规划流程确定的，而规划流程的目的在于确保公司具备了为客户创造最大价值的所有条件，并且拥有足够产能来满足客户需求。预算编制本身不是目的，而是规划流程的产物，并以最新和最可靠的信息为依托。业界对传统预算编制流程的诟病之一是，需要在新的一年到来之前几个月将预算编制完成，而且往往在预算实施之前就已过时。有一种说法是，企业始终处于动态的发展变化之中，传统的年度预算反而不利于企业实施规划和控制。

组织类型不同（制造、分销、服务、教育、医疗等），其 SOFP 流程也不尽相同，但所有组织的 SOFP 流程均遵循下列类似步骤。

（1）步骤一：为满足客户需求，销售和营销人员针对相关预期需要提供预测数据。预测数据主要针对运营层面，如销售产品数量或需要在 AIDS 诊所接受诊疗的病人数量。通常，预测是以 12 个月为期间，按月做出的。预测不以美元或其他财务数据表示，而是面向宏观层面。组织可能针对每个价值流或价值流所涉及的产品系列做出预测。制定规划时，组织应避免做出过于详细的预测，因为汇总数据越多，预测结果更准确。如果价值流的产品系列中增添了新的产品和服务，那么，组织需要将这些产品和服务纳入对客户需求所做的预测之中。

（2）步骤二：运营人员预测每月可用于满足客户需求的可用产能。这些预测同样是针对价值流或价值流所涉及的产品系列做出的，以价值流最近几个月的实际产能为依据，并将未来 12 个月组织拟对价值流实施的改造和改进影响考虑在内。

（3）步骤三：参与预测工作的中层管理人员共聚一堂召开"SOFP 会议"。这是一场严格按照议程推进的正式会议，与会人员将对每个价值流进行审查，探讨需要对价值流的产能做出哪些调整来匹配客户的预期需求，并做出相关决策。大部分规划都在此次正式会议上完成。但在某些问题上，管理人员要么无法达成共识，要么无权做出任何改变。这些问题将提交给下文步骤五提及的"高管 SOFP 会议"。

（4）步骤四：利用 SOFP 会议所提供的信息，财务部门着手编制未来 12 个月的预算。该预算基于公司目前掌握的最新和最准确信息以及价值流成本核算信息，其中包括短期信息，如与月末预期结果相关的信息；还包括长期信息，如与资本收购需要或价值流相关的人员数量变动等事项有关的信息。

（5）步骤五：SOFP 流程的最后一步是召开"高管 SOFP 会议"。该会议虽然简短，但经过精心安排，由组织的董事长（或实体最高负责人）主持。与会者对每个价值流进行简要审核并就例外情况进行讨论。公司高管团队做出决策，并制定一个面向组织未来12个月的达成共识的"战略"。该"战略"每月更新一次，目的是协调公司的销售和市场营销、运营、新产品开发、管理以及其他流程，确保公司能充分满足客户的短期和长期需求。

SOFP流程确定的短期议题包括：

- 确立与客户需求相匹配的生产周期时间；
- 制订均衡生产计划；
- 重新计算"看板"数量；
- 确定生产单元和价值流的人员配置水平；
- 敲定与新产品引进和持续改进相关的项目计划；
- 提前准备月末财务结果；
- 启动销售计划，最大限度地利用资源。

SOFP流程确定的长期议题包括：

- 调整人员配置水平以满足未来需要；
- 购买或重新部署资本设备；
- 外包决定；
- 原材料和零部件规划；
- 制订新的市场营销战略；
- 制订新产品开发计划；
- 制订长期的持续改进计划；
- 编制预算和制定财务规划。

范围更为广泛的规划流程最终会形成预算编制流程。SOFP是一种正式而系统的价值流规划方法，可为客户创造价值。SOFP需要公司各个流程之间的密切协作，其中包括销售和市场营销、运营、新产品开发、管理以及财务。SOFP是一种行之有效的规划和预算编制方法，因为规划流程的各个方面全部被纳入一个独立、正式、有效的流程之中。作为一项独立可靠的流程，SOFP已取代了众多正式和非正式会议，并为整个公司制定了综合"战略"。

十、消除交易事项

采用传统制造方法的公司经常会出现内部流程失控的状况。缺乏对流程的控制体现在交货延迟、大量库存、经常赶工以满足客户需求、供应商持续出现材料短缺和延误、工艺过于复杂等情况。我们在服务行业、学校、医院以及政府机构中也可以看到类似的混乱局面和复杂情况。

这是否意味着这些组织的管理人员不够称职？回答是否定的。上述问题的成因是这些组织及其供应商和合作伙伴的流程存在太多问题，因此，唯一向客户提供所有可接受服务的方法就是危机管理和赶工。这些公司依靠自身员工的献身精神才完成了目标。

向内部和外部使用者提供有效和准确的财务信息是财务高管人员的职责所在。为了做到这一点，公司必须拥有一个可覆盖全部流程的系统，该系统可以收集详细的财务信息并报告公司的实际情况。当一家公司出现流程失控时，必须具备一个可以收集整个公司"真实"信息的系统，以便提供财务报告以满足外部规范报告和内部业务管理的需要。

有两种方法可以解决流程失控问题。一种方法是应用复杂的技术解决方案；第二种方法是让流程重新得到控制。绝大部分西方公司采用了第一种方法。20世纪70年代问世的"物料需求计划"（MRP）系统是为了加强对物料采购的控制；随后推出的"产能需求计划"（CRP）系统旨在控制车间机器的负荷水平。

20世纪80年代，"制造资源计划"（MRPII）系统开发成功，将生产和物料计划与车间范围的具体执行结合起来，让计划与工厂的实际执行之间形成了一个"闭环"。20世纪90年代，"企业资源计划"（ERP）系统面世，将公司的所有业务整合到一个独立的综合（有时是跨国）系统之中。公司的销售和市场营销流程、物料流程、会计流程、人力资源流程、工程流程、生产流程以及分销流程同时在同一个大型复杂系统中运行。此外，业界还开发了类似的系统来满足银行、保险、股票经纪、物流、运输服务、政府机构、医疗保健和其他行业的需要。

这些系统可识别业务出现的混乱，并试图通过跟踪、记录、分析和报告相关流程来解决这些问题，以便公司的中层管理人员能够对这些流程加以管理。这些系统取得了巨大的成功。许多美国公司的生产率得到了提高，这在很大程度上要归功于此类信息系统的采用。

精益组织采用了一种截然不同的方法。当某一流程出现不稳定状况或缺乏控制时，精益组织设法找出问题的根源所在并加以解决或消除。随着问题根源的消除，组织不再需要复杂的系统来提供财务和运营控制，因为控制已被植入流程本身。

我们举一个简单的例子来帮助大家进一步理解这些问题。假设一家公司的准时交货率达到80%，该公司生产周期为6周，废料和返工率较高且经常出现赶工情况，在产品库存每日差别巨大，公司上下只想着到月底"完成预定数字"就好。这样一家公司需要什么类型的交易事项以及多少交易事项才能实现财务控制呢？答案是成千上万笔交易事项。从根本上说，这些流程处于失控状态，公司每天都需要非常详细地跟踪各个流程以提供有效的财务信息。

如今，这家公司开始向精益生产模式转型。生产周期缩短到3天，准时交货率达到98%，由于采用了有效的拉动系统，库存保持在低水平且能够满足生产之需，并且在需求与生产之间建立了合理的线性关系。该公司还没有成为"世界一流"企业，但是管理人员们已经在加倍努力工作，以期为整个工厂打造一流的精益流。在这种新局面下，公司需要完成多少会计处理以及哪些类型的会计处理呢？由于公司的流程设置了大量的控制，处于稳定状态，所以答案是"为数不多"。

精益公司将控制从传统的事务性控制向运营流程控制转移。由于公司采用了精益根本原因分析和可视化精益方法，将运营流程置于控制之下，因此，不再需要复杂的会计处理控制系统。

这是否意味着精益组织不再青睐计算机系统？答案是否定的。信息系统在精益组织中具有重要地位，但总的来说，日常运营控制，如生产车间运营控制，并不需要信息系统。精益组织并不反对使用系统，只是更青睐于可视化管理和实现自我控制的流程。如果计算机系统同样是一种使流程得到控制的最为直观且成本最低的方法，那么组织就应该使用计算机系统。但通常情况并非如此，因为实现可视化管理的最佳方式往往是在日常运营控制中采用更多的手动方法。

消除交易

消除产生不必要浪费的会计处理一定要小心谨慎。只有当组织明显不再需要对这些会计处理进行控制时，才能加以消除。通常最好的办法是事先确定必然会出现的情况，以便取消控制系统。组织可以制订一个成熟的流程计划，为了消除特定的会计处理控制，财务主管可以针对运营情况确定组织财务行动之前必须落实哪些内容。

制造企业涉及一些繁重的会计处理流程，其中包括派工单和生产控制流程、采购和应付账款流程以及库存跟踪和报告系统。取消派工单流程的过程可能包括：

（1）首先确定当前需要多少会计处理以及具备了哪些类型的会计处理才能运行业务。

（2）列出需要派工单及其相关事务的所有原因。

（3）在相对较长的时间段内，随着精益方法在公司内部逐渐推行，确定这些事由将如何被精益工具消除或取代。表11给出了示例。

表11　　　　　　　　　　交易消除规划示例：派工单

发出派工单的理由	精益方法
授权生产	"看板"或销售订单授权生产
跟踪在产品库存和估价	当生产周期很短时，组织没有必要跟踪在产品。可视化控制下的在产品不多，可以轻松地进行识别和估价
报告生产中使用的人工	采用价值流成本核算时，组织不需要报告人工情况
跟踪订单状态	当生产周期较短且处于可视化控制之下时，组织不需要跟踪订单的状态
提供产品生产指令	使用可视化的工作指令和标准化的工作表单
提供物料清单信息	可视化的工作指令和标准化的工作表单。有时候，可以在"看板"卡片上打印出来
报告作业的完成情况	通过单元中的可视化绩效衡量指标来跟踪生产完成信息
更新库存零部件和原材料	组织不需要通过计算机系统跟踪零部件和原材料，这是因为它们处于良好的可视化控制之下
计划生产	根据有效的月度销售、运营和财务规划流程，使用均衡生产调度面板来安排生产
确定在产品	产品可通过它们的"看板"卡片和定制的标准化容器来直观地加以识别
计算产品成本	在采用了价值流成本核算的情况下，组织没有必要计算单个生产作业的成本
报告废料	单元和部门通过使用细化到小时的绩效评估指标来控制废料。通过改变标准化作业，组织可以采用正规的持续改进方法来解决这些问题
报告劳动效率	精益公司并未采用这一衡量指标。组织将精益衡量指标用于单元和价值流层级，以了解和提高生产效率
报告差异	精益公司并未采用这些衡量指标。价值流成本核算和单元衡量指标让组织不再需要比较所谓的实际成本与标准成本

（4）一旦财务主管和运营管理人员了解了如何使用精益方法和衡量指标对流程加以控制，那么，组织就可以制订成熟的流程计划，详细列出引入精益方法所需的渐进式变革，并让这些变革达到这样一种状态，即流程处于良好的运营控制之下且消除不必要的会计处理事项。

（5）一旦完成了这些变革，随着运营流程得到良好控制，组织就可以逐步消除不必要的会计处理系统。

让（内部或外部）审计师参与决策制定有百利而无一害。如果审计师参与了可视化管理流程的设计工作，那么，他们就能够更好地发现这些流程在维护控制方面的成功之处（或失败之处）。审计规则和方法需要做出相应修改，因为不再需要对会计处理进行审计。与之相反，需要对运营流程进行审计，以确保运营和财务控制切实有效。

十一、结　束　语

在瞬息万变的世界中，各行各业为了赢得竞争正在改变自身生产和向客户提供产品及（或）服务的方式。生产公司采用精益原则，将生产线重新改造为生产单元，并将其从职能部门重组为价值流团队，负责完成从接收物料到交付成品的完整物料流程。服务组织也推行了类似的变革，将部门重组为价值流，由跨职能部门或团队来执行流程。这些转变意味着组织正在迅速放弃以纵向控制为主、只能由经理和主管级别人员制定决策的传统结构。

这些年来，传统管理会计也一直在发展，以便紧跟业务的变化步伐，为其提供更好的支持。随着精益原则的采用，企业努力减少浪费，推行平稳的拉动系统，提供非凡的产品和服务质量，现在是时候对传统管理会计实践进行反思，审视它们如何才能为具有精益思维的组织制定决策提供更好的支持。在管理会计师着手实施精益技术以便为所在组织提供支持时，本公告所介绍的精益会计实践以及决策技术为他们提供了可供探索的其他选择。

术　语　表

术语表列出了精益组织常用词汇的定义。如想获取更为全面的精益化术语专用词汇，请参阅参考资料中的马库泽维斯基（Chet Marchwinski）和佐克（John Sock）的《精益词汇：精益思考者图形词汇表》(*Lean Lexicon：Graphical Glossary for Lean Thinkers*)。

A3 报告（A3 report）：汇总问题解决案例、状态报告以及规划实务的标准方法；丰田公司的实践之一。

Andon 信号板（Andon board）：生产区域的一种可视化控制设施，通常是一个装配在头顶上方的亮灯显示装置，它提供生产系统的状态，提醒团队成员注意可能出现的问题。

分批及排队（batch-and-queue）：实现批量生产的一种做法，即在生产流程推进到下一步操作之前，先生产大量的某一部件，然后作为一个批次进入排队等候。

单元（cells）：按紧凑顺序执行不同操作的不同类型机器的布局，通常为"U"型，可实现单件流，并可通过多机器联合工作的方式灵活地部署劳动力。

切换（changeover）：在金属加工机床上安装一种新型工具，为喷涂系统装入不同的涂料，在注塑机上装入新的塑料树脂和新模具，在计算机上安装新的软件等。每当安排生产设备执行不同的作业时，都会涉及该术语。

周期时间（cycle time）：完成一个操作周期所需的时间。如果每个操作的周期时间都可减少到相等的"节拍时间"，则可按单件流生产产品。

特点和特征（F&C）产品成本核算法（features and characteristics product costing）：通过识别影响到产品流经价值流速度的产品特点和特征来计算产品成本的一种方法。根据产品特点和特征来调整价值流的平均成本，进而得出产品成本。

5S（Five S）：5个相关的术语（每个术语都是以字母S开头），它们描述了有利于可视化控制的车间行为：分类、整理、擦洗、标准化、维持。这种方法可以实现车间生产的有序化，进而实现可视化管理。

5个为什么（Five Whys）：大野耐一（Taiichi Ohno）总结出的做法，就是每当遇到问题时，我们都要问5个"为什么"，以便找到问题的根本原因，进而制定和实施有效的对策。

流（flow）：循序渐进地完成价值流中的任务，让产品从设计到推出，从订单到交货，从原材料到交付给客户的成品等过程中不会出现中断、报废或回炉。

现场改善（Gemba）：在日语中是指"实际的地方"，用来强调使用详细的可视化观察在工作实际开展场所实施精益改进的重要性。

方针管理（Hoshin Kanri）：日语的意思是"部署公司战略"。Hoshin流程用于提供一种形式化方法，以在整个组织中部署公司战略。Hoshin流程寻求通过协作规划，而不是自上而下的变革管理，来达成高度的共识。

自动化（Jidoka）：生产系统的一部分，针对生产流程出现的异常情况做出反应和行动。

持续改善（Kaizen）：某项作业的持续增量改进，以创造更多的价值，同时减少浪费。

精益促进办公室（lean promotion office）：推动精益转型的部门。该团队为价值流管理人员提供技术援助，帮助他们采用精益方法来改造价值流中的流程。

均衡销售（level selling）：一种客户关系系统，它设法消除销售系统本身所引起的需求激增（例如，由季度或月度销售目标引发的需求增加），并努力建立长期客户关系，以便生产系统能够针对未来购买进行预测。

物料需求计划（MRP）：一种计算机化的系统，用于确定生产操作所用材料的数量和时间要求。MRP 系统使用主生产计划，列出生产每种产品所需的物料清单以及这些物料的当前库存信息，以便安排必需物品的生产和交付。MRP 很少应用于精益生产。

纪念碑（monument）：必须在多个价值流之间实现共享的机器、人员或大型部门。

节拍控制点（pacemaker）：价值流中决定生产速度的流程。节拍控制点可能是限制产品经过价值流流速的瓶颈操作。

绩效衡量联系图（performance measurements linkage chart）：一种将公司、工厂、价值流、单元/流程绩效衡量与公司战略联系起来的方法，主要目的是确保衡量指标反映公司战略的目标和平衡。

计划—实施—检查—行动（plan-do-check-act）：一种系统的流程改进方法，其要求提出变革建议，实施变革，衡量变革的效果，而后采取适当的行动。此外，它也叫戴明环（Deming Cycle）。

防错技术（poka-yoke）：在接受订单或进行制造的过程中防止出现缺陷的防错装置或程序。

策略部署（policy deployment）：让公司的职能和作业与其战略目标保持纵向和横向一致的管理流程。制订一个具体计划（通常是年度计划），其中包括精确目标、行动、时间表、责任和指标。它有时也被称为战略部署或 Hoshin。

拉动（pull）：一种从下游到上游作业的级联式生产和交付指令系统。在这个系统中，直到下游客户发出需要信号，上游供应商才开始进行生产。

质量功能展开（QFD）：多技能项目团队的可视化决策制定流程；帮助团队倾听客户意见并形成一致理解，并针对产品的最终工程规范达成共识，而这是整个团队的奋斗目标所在。

七种浪费（seven wastes）：大野耐一对组织内的各种浪费进行了分类：过量生产、等待、搬运、不必要的加工、库存、操作和检查。

快速切换（single minute exchange of dies）：在不到 10 分钟的时间内切换生产机械的一系列技术。

单件流（single-piece flow）：产品加工的一种形态，即一次完成一件产品，产品通过设计、接受订单和生产环节的各种作业，没有出现中断、返工、废料等情况。

标准化工作（standardized work）：每项工作作业的准确描述，明确周期时间、节拍时间、特定任务的工作顺序以及执行该作业所需的最低零部件库存。

库存超市（supermarket）：库存的存量点，此时库存较低，可进行可视化控制，并使用拉动系统来进行补货。

节拍时间（takt time）：可用生产时间除以客户需求速率得出。节拍时间设定生产速度，以匹配客户的需求速率，已成为每个精益系统的核心。

目标成本（target cost）：在客户对产品的价值感到满意而制造商获得可接受的投资回报的情况下，产品所不能超越的开发和生产成本。

产出时间（throughput time）：产品从概念到推出、接受订单直至到交付，或从原材料到交付给客户的成品所需的时间。

价值流（value stream）：一个产品从概念到推出（新产品开发价值流）或从销售到交付和现金回笼（订单履行价值流）所需的所有作业（包括价值创造和浪费），其中包括处理信息、转换产品、转运材料和产品、兑换现金等作业。

价值流成本核算（value stream costing）：价值流直接成本核算的简单汇总。

可视化管理（visual management）：将所有工具、零部件、生产作业、文档记录、绩效衡量以及价值流控制和改进工作的其他方面和方法置于简单明了的视图之中。可视化管理同样适用于行政管理和服务流程。

浪费（waste）：是指消耗了资源但不能为客户创造价值的作业。Muda（日语中"废物"的通俗说法）分为两种：Muda1 和 Muda2。Muda1 是指不能创造价值，但在当前的技术和政策条件下无法避免的浪费，薪资流程就是一个例子。Muda2 是指不能创造价值但可以消除的浪费，例如车间的劳动报告。

参 考 资 料

精益会计

Fiune, Orest, and Cunningham, Jean. *Real Numbers*. Durham. NC：Managing Time-Press, 2003.

Johnson, H. Thomas, and Broms, Anders. *Profit Beyond Measure*：*Extraordinary Results through Attention to Work and People.* Free Press,2000.

Maskell,Brian,and Baggaley,Bruce. *Practical Lean Accounting.* New York:Productivity Press,2003.

Solomon,Jerrold. *Who's Counting:A Lean Accounting Business Novel.* WCM Associates,2003.

Waddell,Willam,and Bodek,Norman. *Rebith of American Industry.* Vancouver,WA:PCS Press,2005.

实施精益运营

Allen,John(ed.). *Lean Manufacturing:A Plant Floor Guide.* Dearborn,MI:SME,2001.

Dennis,Pascal. *Lean Production Simplified.* New York:Productivity Press,2002.

Keyte,Beau,and Locher,Drew. *The Complete Lean Enterprise:Value Stream Mapping for Administrative & Office Processes.* New York:Productivity Press,2004.

Liker,Jeffrey,(ed.). *Becoming Lean:The Inside Stories of U.S. Manufacturers.* New York:Productivity Press,1997.

Marchwinski,Chet,and Shook,John. *Lean Lexicon:Graphical Glossary for Lean Thinkers.* Brookline,MA:Lean Enterprise Institute,2003.

Rother,Mike,and Shook,John. *Learning to See:Value Stream Mapping to Add Value and Eliminate Muda.* Brookline,MA:Lean Enterprise Institute,1998.

Womack,James,and Jones,Daniel. *Lean Thinking:Banish Waste and Create Wealth in Your Corporation.* New York:Simon and Schuster,1996.

Womack,James,and Jones,Daniel. *Lean Solutions:How Companies and Customers Can Create Value and Wealth Together.* New York:Free Press,2005.

丰田生产系统和适时生产（JIT）

Hirano,Hiroyuki. *JIT Implementation Manual:The Complete Guide to Just-in-Time Manufacturing.* Portland,OR:Productivity Press,1990.

Liker,Jeffrey. *The Toyota Way：14 Management Principles from the World's Greatest Manufacturer.* New York:McGraw-Hill,2004.

Ohno, Taiichi. *Toyota Production System: Beyond Large-Scale Production*. Portland, OR: Productivity Press, 1988.

Shingo, Shiego. *A Study of the Toyota Production System from an Industrial Engineering Viewpoint*. Portland, OR: Productivity Press, 1989.

跨职能管理

Emiliani, Bob. *Better Thinking, Better Results: Using the Power of Lean as a Total Business Solution*. Kensington, CT: CLBM, 2003.

Ishikawa, Kaoru. *What Is Total Quality Control?* Englewood Cliffs, NJ: Prentice-Hall, 1985.

Mann, David. *Creating a Lean Culture: Tools to Sustain Lean Conversions*. New York: Productivity Press, 2005 Monden, Yasuhiro. Toyota Management System: Linking the Seven Key Functional Areas. Portland, OR: Productivity Press, 1993.

Seddon, John. *Freedom from Command & Control: A Better Way to Make Work*. New York: Productivity Press, 2005.

可视化控制

Galsworth, Gwendolyn. *Visual Workplace: Visual Thinking*. Portland, OR: Visual Lean Enterprise Press, 2005.

Hirano, Hiroyuki. *5S for Operators*. Portland, OR: Productivity Press, 1996.

Nikkan, Kogyo Shimbun (ed.). *Visual Control Systems*. Portland, OR: Productivity Press, 1995.

视频资料

Lean Accounting. Society of Manufacturing Engineers, 2005.

Mapping Your Value Stream. Society of Manufacturing Engineers, 2002.

Toast Kaizen: An Introduction to Lean Principles. Greater Boston Manufacturing Partnership, 2005.

What Lean Means. Association of Manufacturing Excellence, 2001.

网站

www. maskell. com/LeanAcctg. htm

 Website devoted to Lean Accounting methods.

www. leanaccountingsummit. com

 Nonprofit organization organizing annual Lean Accounting Summit conference.

www. lean. org

 Lean Enterprise Institute

www. superfactory. com

 Wide-ranging website for lean and other manufacturing methods

www. NWLean. net

 Network of companies assisting other companies to implement lean

评论

精益会计为管理赋能

——评《精益企业会计：会计模式的重大转变》

王纪平

本篇公告是 IMA 已经公开发布的两篇关于"精益生产"的管理会计公告之一。强烈建议您在阅读本报告之前先行阅读《精益企业基础》，在掌握此两篇报告的基础上，可以延伸阅读第三篇相关报告《通过战略协同，实现卓越业绩：利用方针管理将精益生产措施与商业战略联系起来》。

一、精益会计的重要意义

越来越多的企业质疑成本会计在精益生产环境下的合理性，大量证据表明现有准则不能公允地反映经济现实。丰田生产方式的创始人大野耐一先生曾经断言："需要花毕生精力来和成本会计战斗，仅仅把成本会计从工厂赶走是不够的，问题是怎样才能把它从人们的头脑中赶走。"对传统成本会计提出质疑的除了大野耐一，还有哈佛商学院卡普兰教授，他认为传统成本会计丧失了相关性，倡导用作业成本法来改造传统会计。日本传播丰田生产方式的第一位教授田中正知，在其专著《丰田生产的会计思维》中提出了"J成本"新管理会计法。受上述文献的启发，笔者思考了一个问题：精益会计仅仅是对实现精益生产管理企业的会计系统的改造，还是对传统会计的颠覆？在本文中我们将探讨丰田生产方式的本质特征，并深入探讨精益会计对传统会计带来的颠覆及其二者之间的巨大差异。

二、别误读丰田生产方式

一般认为，精益生产管理理论源自丰田生产方式，因此，理解本报告的基础是正确理解丰田生产方式的精髓。将丰田生产方式理解为诞生于生产工厂的改进方法本身是一种误读。为什么会产生这样的误解呢？丰田生产方式最初被称为"大野模式""看板系统""拉动模式"等，后来经过大野耐一先生首肯才正式定名为"丰田生产方式"。其实应该被称作"丰田流程开发方式"（Toyota Process Development System）才对，因为它并非一种来自工厂的改善方法，而是仅仅针对"成本消减"和人力资源开发来讲的一种机制。

丰田生产方式的两大支柱是自动化①（在自动化过程中考虑人力资本的发展因素）和适时生产，亦即在实现自动化和适时生产的过程中实现人力资本的开发。丰田生产方式的自动化不是简单的"自动化"，"成本消减"也并非一般理解上的"以便宜的价格购进"，而应理解为"便宜地生产"。

当我们被教导削减生产成本时，成本消减并不是魔术般实现的，而是需要开发人的能力的整体管理系统。亦即：能够充分利用产能最大化提升创造性和成果，更好地使用设备和机器，全面消除浪费。拿打棒球来做比喻，自动化是提高每一个队员的个人技术，而适时生产则是发挥队员之间相互配合的协作精神（大野耐一《丰田生产方式》）。企业和供应商之间也要实现这种相互配合状态。这就是为什么丰田公司通过支持供应商以更低的成本生产产品来盈利，从而使丰田的购进成本降低的原因。丰田公司认为在供应商需要帮助之时伸出援手是非常自然的事情，这和很多企业通过"压榨"供应商实现降低采购成本的做法大相径庭。

自动化的具体内容有两个层面。第一层，自动化意味着当出现问题的时候，机器要自动停止生产，以保证不会出现大批的次品。只有这样，质量才能在每个流程中得到保证，而不是靠出厂环节的质量检验来保证。这样既能满足消费者对质量的要求，也能为企业节约宝贵的资金。第二层，自动化意味着当工作任务结束时，相关的机器就要停止运转。但这并不意味着人的工作会停止，工人可以继续按需开动其他机器。丰田公司创始人丰田先生发明的自动纺织机，实现了一名挡车工同时照看多台织布机的高效生产模式。尤其是当企业缺少购买昂贵设备的资金时，能做的就是提升操作工人利用现有的设备的增值性生产效率。

零缺陷是丰田生产方式追求的终极目标，也是丰田公司应对物流成本上升、油价高企、原材料成本增长等挑战的制胜法宝。但是丰田并未因此而停止改善的步伐，以

---

① 《丰田生产方式》一书中的原话原字是"自働化"，除自动化的含义之外，还包括人力资源培养和发展的含义，强调思维模式（mindset）方面也要能够适应和转变。

顾客需求为中心的价值观，促使丰田公司在适当的时间、以较低成本提供高质量的产品。

自动化保证和提升了产品质量，低成本是坚持适时生产的根本原因，生产周期决定了适时生产的水平。生产周期是生产开始到产品提供的总时间，降低成本必然要求缩短生产周期。当企业资金紧张的时候，管理者不得不考虑尽快收回投资，而缩短从进料到销售的周期是加速资金回收的必然选择。

为了缩短生产周期，必须尽量减少停滞，可以从以下几方面入手：

一是加强供应链管理。让供应商尽量在距离工厂最近的地方设点，因为采购原材料过程中的浪费会严重影响生产周期。

二是简化生产流程。在外包和自制之间做出选择。外包的最大问题是造成生产过程中的停滞，如果用便宜的设备进行自制，生产周期会大大缩短。在工厂内部，由于发散性和生产节点众多，导致流程之间充斥着过量的在产品；众多的在产品不知道何时可以完工，导致生产过程中保留了过多的存货。通过降低生产过程的发散性和减少节点，降低过多的在制流程和过量的存货。

三是减少批量。大批量生产是增加生产周期的罪魁祸首。很多人认为大批量生产更加有效率，但是这种效率之下生产的产品不一定是客户需要的产品。真正的效率是指生产客户需要的、可以售出的产品。比如，一次生产可供销售 3 个月的产品，但是没有人能准确预测未来 3 个月能售出什么产品，当生产的产品不适销对路时，必将导致过量的存货。大批量生产还会延长生产周期。如果能够仅生产 1 个月的量，会大大减少产销冲突，如果能够按天生产会更好。

小批量生产的终极目标是"单件流"，亦即按照被销售的顺序一件接一件地单件生产。单件流可以将停滞压缩至最低限度，并且可以更好地控制产品质量（发现产品瑕疵马上停止生产，不会产生大批量有瑕疵的产品）。同时，也降低了产品的不适销对路风险，因为发现不适销对路就可以立即停止生产这种产品，滞销的存货的量会最低。为了实现畅流，一岗多能的培训就显得非常重要。在日本，一个工人可以同时胜任多个工种工作，比如既可以做车工也可以做钳工。但是 30 年前在美国，工人工会力量强大，每个工人只干一个工种工作，因此当丰田在美国设厂的时候，单件流生产模式就遇到了非常大的阻碍。

四是为了缩短生产周期，必须掌握产品流和信息流。通过绘制价值流现状图，找到发生阻滞的流程和节点，然后通过有针对性的流程优化来缩短生产周期。绘制价值流程图是非常专业细致的工作，本文在此不再赘述。

通过上述对丰田生产方式正本清源式的梳理，我们可以总结一下精益生产的特点。

首先，精益生产者认为生产超过销量的产品是糟糕的，库存是万恶之源。因为很少有公司是因为缺少存货而破产，过量生产会导致现金流恶化、公司出现财务风险。大野耐一经常问道："我们是否因为浪费/过量生产而使企业陷入困境？"

其次，精益生产就是要持续改善以缩短生产周期。那么，缩短生产周期的目的是什么？经过适时生产带来的改进，缩短生产周期是应对变异和提升现金流的有力武器。

第三，人力资本发展至关重要。上述问题的解决都需要工人掌握多种技能，具有识别问题、解决问题的能力。通过提升人力资本，才能真正做到不过量生产、缩短生产周期以及零缺陷。

实现了上述三点，也就实现了成本节约，提升了组织的竞争力，建立起了人力资本之墙。

三、精益企业会计框架

精益企业会计区别于传统会计的根本在于精益企业的生产方式，亦即丰田生产方式的本质，以缩短生产周期提升流动性，以杜绝过量生产减少存货，为生产正确的产品留出充足的产能，从而更好地响应客户的需求，持续改善，消除浪费，从而降低成本。这里的降本并非是结果上的降本，大规模生产的传统企业与小批量多批次生产的精益企业不同，传统企业可以通过增加产品批量来降本，这样降本实际上是表面上的，类似数字游戏一般。因此，理解精益会计的优点要充分考虑运用这种会计模式的主体的经营特点。

精益会计的优点表现为：

（1）为精益管理决策提供更好的信息；

（2）通过消除浪费的交易和系统缩短生产周期、缩减成本和浪费（也是一种成本）；

（3）通过提供精益聚焦的信息和统计数据激励长期的精益化改善；

（4）强调顾客价值，并将价值创造最大化的驱动因素与绩效评价指标直接连接。

精益会计的缺陷多与传统会计在精益企业的不适用有关，本文搜集了23种主要差异（如表1中所示）。

表1　　　　　　　　　传统会计与精益会计对照表

序号	差异项目	传统会计模式	精益会计模式
1	分部报告	按产品类型报告	按价值流类型报告
2	损益表格式	分布式报告总体损益	分价值流报告分部损益
3	依靠什么改善	中层管理者	稳定和标准化的流程
4	组织类型	内向型组织	外向型组织
5	控制方式	报告式	可视化控制
6	组织方式	多层级链条式控制	较少层级更大控制范畴
7	结构性变化	职能分离型	价值流管理型
8	价值流方向	垂直管理的部门间流动	价值流水平流动
9	价值驱动力	预测驱动的推动式	客户驱动的拉动式
10	信息使用者	职能部门经理	价值流管理者及其团队
11	成本对象	产品	价值流
12	成本核算方法	完全成本法（吸收成本）	直接成本核算
13	成本管理	标准成本法	目标成本法
14	降本方式	大批量生产（或只按预定时间服务）	少批量多批次
15	间接费用分摊	分摊至产品	分摊至价值流
16	维持费用	视同间接费用分摊	单独列示
17	定价方式	成本加成法	顾客价值感知定价法
18	绩效激励原则	激励效率最大化	不鼓励过量生产
19	实现目标的途径	通过提高生产率减少成本	通过消除浪费降低成本
20	重大影响	存货上升	存货降低
21	决策依据	单个产品成本	价值流成本
22	存货计价	完全产品成本	性能与特征成本管理
23	控制方式	交易控制	流程控制

精益会计的产生对精益企业的决策产生了重大的影响，主要表现在以下几个方面：

（1）定价决策；

（2）盈利能力分析；

（3）自制/外购决策；

（4）产品/顾客合理化决策。

本篇公告还多次提到了《通过战略协同，实现卓越业绩：利用方针管理将精益生产措施与商业战略联系起来》这篇公告，该公告将精益会计原则扩展至整个企业，并讨论了精益组织的绩效衡量问题。

通过战略协同，实现卓越业绩：
利用方针管理将精益生产措施与商业战略联系起来

关于作者

吉德·马赫夫科（Jd Marhevko）女士，Accuride 公司负责质量和精益管理系统（QLMS）及环境健康安全事务（EHS）的高级副总裁，近30年来一直参与运营和精益六西格玛事务。Accuride 已有四家工厂获得卓越制造协会（AME）制造卓越奖。吉德是《精益管理 50-50-20》（*Lean Management 50-50-20*）一书的合著者。她是美国质量协会（ASQ）资深会员，拥有 ASQ 注册质量/组织卓越经理资格（CMQ/OE），ASQ 注册质量工程师资格（CQE）以及 ASQ 注册六西格玛黑带（CSSBB），已取得黑带大师（MBB）资格。2018年，吉德被 Crain's 评为美国密歇根州制造业杰出女性之一。2016年，吉德获得谢宁奖章（Shainin Medal），并被评为制造业百强女性之一。吉德曾担任 ASQ 质量管理部门（拥有21000名会员）主席。她拥有密歇根州奥克兰大学工程科学学士学位以及中央密歇根大学的管理科学硕士学位。

加里·柯金斯（Gary Cokins）是商业分析和企业绩效管理系统领域享有全球盛誉的专家、演讲者和作者。他是 IMA 的兼职驻企执行官，也是咨询公司 Analytics-Based Performance Management LLC（www.garycokins.com）的创始人。他的职业生涯始于一家财富100强公司，曾担任 CFO 和运营职位。在此之后，他在德勤（Deloitte）、毕马威（KPMG）、EDS 和 SAS 从事了30年的咨询工作。加里·柯金斯拥有康奈尔大学工业工程/运营研究的理学学士学位以及西北大学凯洛格管理学院的 MBA 学位。

彭·史密斯（Pem Smith）是一名退休的财务和运营董事，在服务性企业、制造组织和 IT 项目管理方面拥有丰富的经验。他获得了美国质量协会（ASQ）认证的六西格玛绿带资格，拥有密歇根大学工业工程理学学士学位以及圣地亚哥州立大学 MBA 学位。他是 IMA 派驻 ASQ 质量管理部门治理技术委员会的代表之一，目前还担任 IMA 领导学院院长一职。

一、执 行 摘 要

多年来，许多组织实施了各式各样的流程和盈利能力改进计划来提高效率和消除浪费。精益企业理念为组织提供了大量减少浪费、缩短流程周期的机会，进而提升了股东价值。杜邦公式（DuPont equation）将股东价值与投资回报率（ROI）的各种衡量指标联系起来，如资产回报率（ROA）、净营运资产回报率（RONOA）等，反映了一系列有待改进的领域。从较高层面而言，精益理念旨在通过消除无法为生产赢得客户青睐及购买意愿的工艺或服务做出直接贡献的活动，从而提高组织的盈利能力。举例来说，上述活动包括废料和返工、不必要的加工步骤、零部件和材料的过多转移等。此外，精益生产还通过减少过剩产量以及在产品库存来提高产出，进一步减少投资。高效的精益生产组织（包括生产型组织和支持型组织）也已显现出单位成本、产出和生产效率方面的改善。

当组织力求通过精益生产获益时，需要将公司资源集中于能够为高管层所制定的战略目标提供明确支持的举措和项目之上，这一点非常重要。本管理会计公告详细阐释了如何通过方针管理（Hoshin Kanri）工具，实现公司资源的集中。方针管理工具立足于组织的战略目标，为实现下述目的，提供了严密有序的流程：

（1）将战略目标与每个职能部门挂钩；
（2）确定改进举措及项目，为实现目标提供支持；
（3）制定经营绩效指标（OPI），为组织的关键绩效指标（KPI）提供支持；
（4）为每项举措分配相应资源。

本公告不仅为施行精益生产原则提供了一贯的经验，同时以附录形式更为详细地阐述了精益生产的益处并针对组织精益生产的实施方式以及 KPI 指标的选择问题提出建议。

二、引 言

自 2014 年以来，美国管理会计师协会（IMA）一直与美国质量协会质量管理部门（ASQ/QMD）下属的财务和治理技术委员会携手合作，共同确定组织内部财务和质量管理体系的共同目标，其中包括：

（1）维持有效的内部运营及财务控制体系；

（2）不断提高流程的效率及效能，以实现卓越业绩。

针对高绩效组织的大量研究表明，通过充满活力、积极有效的质量/精益生产管理系统（QLMS），组织可获得诸多经济效益，例如：

（1）识别降低产品和流程成本的机会，提高竞争力和盈利能力；

（2）实施有效的价值流工具，实现产品和流程的改进，促进企业繁荣发展；

（3）维护相关系统、培育业务实践，以满足产品和流程需求并降低风险。

规模大小及复杂程度不一的各类组织均拥有制定商业战略的流程。相比其他组织，取得巨大成功的组织能够在高效的战略执行过程中充分调动组织各个层面参与其中的积极性。在 QLMS 术语中，无法为战略提供支持的活动被定义为"浪费"，应予以消除。因此，在职能部门层面，QLMS 团队也应将其采取的举措与计划联系起来。在财务报表中，无法为战略目标提供支持的活动体现为成本的增加或额外的投资，从而导致投资回报率（ROI）降低，股东价值减少。

通过接受培训和积累工作经验，管理会计师能够成为质量和精益生产管理人员理想的战略合作伙伴，共同实现精益生产的作用，并就经营活动产生的财务影响提供真知灼见。

本公告反映了财务与质量管理部门/精益组织用以促进战略协同的各种工具之间存在的内在联系。通过实施最佳的财务和质量工具，组织能够取得相比同业公司更为优秀的业绩。此外，本公告还围绕整个组织战略与执行之间的联系介绍了必要的成功因素以及潜在的陷阱。

三、战略规划

从核心而言，推动组织实现卓越业绩要从战略规划入手。哈佛大学的罗伯特·S. 卡普兰（Robert S. Kaplan）和大卫·P. 诺顿（David P. Norton）是战略规划及战略计划执行研究领域的翘楚。[1] 两者于 1992 年提出平衡计分卡（BSC）理论，标志着其研究工作的开始。之所以开发这一战略执行方法是因为在一段时期内，管理层过多关注事后的短期财务结果。BSC 纠正了管理层的这种短视行为，引导他们将注意力从单纯的管理财

---

[1] Robert S. Kaplan and David P. Norton, *The Execution Premium：Linking Strategy to Operations for Competitive Advantage*, Harvard Business School Publishing Corporation, Boston, Mass., 2008.

务衡量指标转向管理与客户、内部流程、员工创新、学习和成长相关的财务和非财务运营指标,从而提高了组织的绩效。这些具有影响力的衡量指标在事中得到了及时的报告,以便组织采取及时的应对行动,反过来,这又推动了组织落实高管层制定的战略,以取得更好的财务绩效。

根据实施 BSC 积累的初步经验,业界越来越清楚地认识到在制定和执行战略的过程中,组织需要采用一种更为系统的方法。认识到这一点促使组织纷纷采用"战略地图"工具,从财务和非财务角度,为战略制定和管理建立了框架。通过绘制战略制图,组织认识到实施 BSC 成功与否取决于是否成功地明确了组织少数几个至关重要的 KPI 指标。在实践操作中,如果高管团队未能首先明晰组织预期的前进方向,那么,就难以将少数重要衡量指标与诸多无关紧要的衡量指标区分开来。这一点从高管团队的愿景和使命中可见一斑。同时,团队必须为组织设定一个前进方向。高管团队的主要任务是:设定前进方向并就此在组织范围内进行沟通,而战略地图是实现沟通的有力工具。

图 1 展示了一个通用的战略地图,具有四个层叠的典型维度(组织可针对这些维度进行定制)。图中的每个矩形代表一个战略目标,其中包含适当的衡量指标、目标及其需要改进的相关项目或流程。

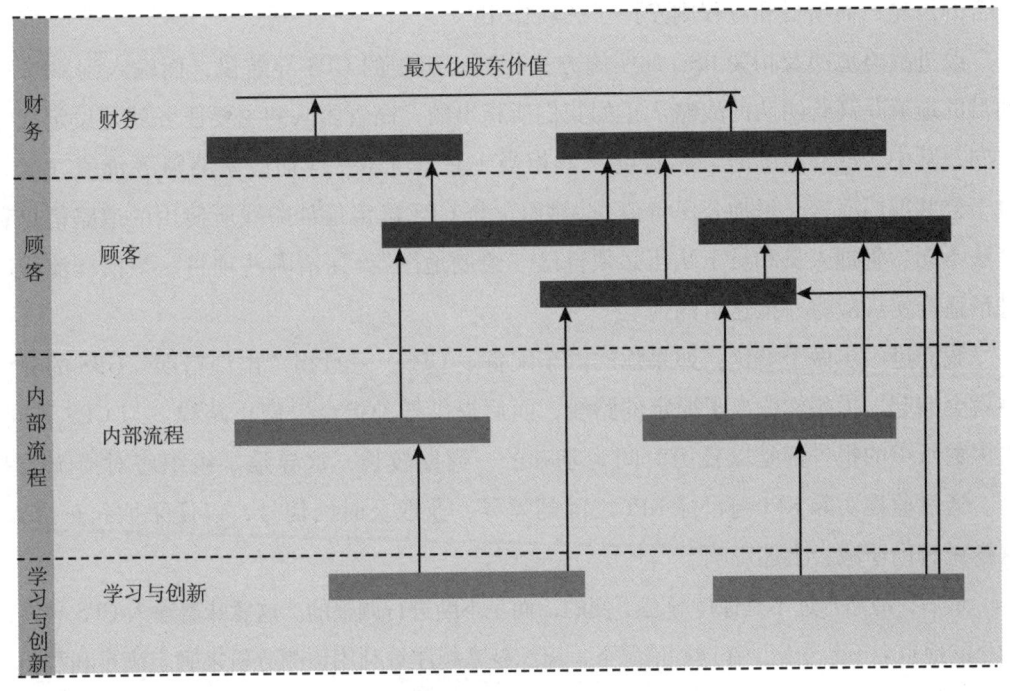

图 1　战略地图的通用架构

值得注意的是，战略地图中存在相互依赖关系，实现各维度目标具有由下而上的累积效应。总而言之，战略地图是从底部维度开始由下向上形成联系的：

（1）实现员工创新、学习和成长目标有助于实现内部流程改进目标。

（2）实现内部流程改进目标有助于实现客户满意度目标。

（3）实现客户忠诚度和满意度目标能够实现财务目标（通常是收入增长和成本管理目标的结合）。

通过实施战略地图，组织能够调动员工能量、协调优先事项并集中人力，从而促进战略目标的实现。在战略地图中，向上的箭头代表 KPI。换言之，在地图顶部，实现股东财富最大化（或者对于公共部门组织而言，实现社区和公民价值最大化）实际上并不是一个目标，它仅仅是实现了所有相关存在因果关系的战略目标所取得的成果。

战略地图是组织的 GPS 导航仪

将组织视为一辆汽车。发动机和传动轴是指员工及其所实施的各种方法，例如客户价值管理和服务交付。全体员工推动组织驶向其目标。总的来说，企业绩效管理（EPM）和公司绩效管理（CPM）的各种方法（包括精益生产和敏捷管理）充当了互相咬合的齿轮，而项目和流程则发挥了燃料作用。

改进战略地图及相关 BSC 的实施方式相当于组织的 GPS 导航仪，而输入到 GPS 中的目的地就是高管团队的战略。正如我们所指出的，高管团队的主要任务就是设定战略方向，其中，战略地图的"制高点"就相当于其目标——增加股东的财务价值（或者对于公共部门而言，增加公民价值）。然而，与 GPS 确定最佳路线所使用的道路信息和算法不同，管理人员和员工队伍必须自己"绘制地图"，厘清哪些项目、举措和流程改进最适合实现战略并抵达目的地。

我们进一步做个类比：如果你的汽车配备了 GPS，一旦拐弯出现错误，GPS 的提示声就会响起，提醒你偏离了原定的路线，而后提供驾驶指令以修正路线。与 GPS 不同，大多数组织的报告都是以日历时间为基础的，周期较长，这导致了组织应对措施的滞后。通过监控实际 KPI 与目标 KPI 之间的差异，获取及时的信号，以便采取纠正措施，这样做有助于减轻上述影响。

最后，战略永远不是保持静态不变的，而是不断进行调整的。这意味着输入 GPS 导航仪的目的地也会不断变化。在这种情况下，组织越来越注重利用预测分析来确定满足利益相关者需求的最佳目的地（战略），同时结合严格的流程来重新调整每个举措与项目之间的联系。

四、调整战略

仅仅制定战略是不够的，必须在整个组织内就此进行明确沟通，部门和个人目标必须与战略目标保持一致，并且组织还必须制定和执行行动计划或策略以实现战略目标。

在许多组织中，管理人员和员工并不了解或并不清楚高管团队的战略。几年前，《今日美国》（USA Today）刊登的一篇"简讯"指出，只有3%的北美企业就其战略与员工进行沟通，这一现象令人费解。至关重要的一点是，企业领导层应尽可能多地与员工展开战略沟通，这样一来，员工至少可以帮助组织实现其目标。员工具有清晰的目标，并将其行动与企业的总体目标联系起来，这样一来，员工通常具有更高的参与度，而更高的参与度会给员工带来更多的幸福感。而且，正如肖恩·阿克尔（Shawn Achor）所说，这样的企业具有"幸福优势"。[1] 企业员工若具有幸福感，那么，企业的销售额会增加37%，生产率会提高31%，员工的参与度也会提高10倍。[2]

那么，为什么高管层担心与员工分享其关键战略呢？这通常有两个原因：（1）员工可能无法真正理解战略内容以及为什么需要制定这样的战略；（2）战略可能为竞争者所知。就第一个问题而言，需要由管理团队解释和说明具体原因和理由。在《再造卓越》（*How the Mighty Fall*）一书中，吉姆·柯林斯（Jim Collins）介绍了企业是如何走向衰落的，并确定了许多标志性特征，以帮助企业弄清自身是否正在走下坡路。[3] 如果领导团队未能让员工了解"战略是什么以及制定战略的理由是什么"，那么，就可能面临一种风险，导致员工队伍陷入迷茫和困惑，甚至领导团队自身也可能陷入其中。至于第二个问题，很有可能竞争者已然将组织下一步必然采取的计划一探究竟。当然，就战略沟通而言，组织可能需要就沟通的细节进行过滤，但无论如何，组织有必要针对主要目标进行沟通。

丰田、奥托立夫（Autoliv）和泰纳（O. C. Tanner）公司常被视为当今最为成功的精益生产企业。这些企业欢迎员工了解所在企业采取的方法和流程，因此企业战略在领导层以及全体员工中得到了广泛的传播。[4]

---

[1] Shawn Achor, *The Happiness Advantage*, Crown Business, 2010.
[2] Shawn Achor, "The Happiness Dividend," *Harvard Business Review*, June 2011, https://hbr.org/2011/06/the-happiness-dividend; Shawn Achor, "Positive Intelligence," *Harvard Business Review*, January-February 2012, https://hbr.org/2012/01/positive-intelligence.
[3] Jim Collins, *How the Mighty Fall*, Harper Collins Publishers, Inc., 2009.
[4] Jd Marhevko, Arvind Srivastava, and Mary Blair, *Lean Management* 50-50-20, Accuride Corporation, 2016.

职能经理及其团队主动与组织的战略保持协同一致，这一点非常关键。这凸显并强化了组织系统与现行业务之间的相关性，而要实现这一目标的有效方法之一便是方针管理。这种按部就班的规划流程通常运用迭代矩阵模型，将组织的战略与支持性职能部门的项目、行动和举措联系起来。组织将这些举措分解为不同的任务并同时确定关键指标。随着矩阵模型的开发，整个组织的领导团队及其团队成员就开始了以迭代和互动为特征的学习和调整过程。在方针管理中，这一过程被称为“接球”，通过连续来回的循环，有助于说明和调整组织职能部门的战略执行计划。

稳健的方针管理流程已演化出多个变体形式。本公告将简要介绍组织的高管团队所制定的战略是如何与职能部门采取的举措联系起来的。表 1 列举了一个已开发完成的、旨在实现组织 QLMS 职能的协同一致的方针管理矩阵模型的简化示例。

表 1　　**方针管理矩阵**

Ⅱ级矩阵——××××年：质量/精益生产管理系统（QLMS）

			●		B1.开展客户满意度调查。评估结果并根据反馈实施连接操作	●	●		●		●				●
●	●		●	●	A2.针对所有关键特征执行SPC审核。验证有效性	●				●				●	
		●	●	●	A1.界定黑带项目并加以实施和维持	●		●	●	●			●		
E.合规系统管理	D. QLMS系统优化：业务流程	C.精益生产/持续改进整合	B.客户满意度	A.废料/缺陷的减少；流程控制	二级 策略（为了落实举措） 顶级 举措（为了实现优先事项） 关键绩效指标 KPI 为了改进 ××××年 战略重点 要做到最好需要……	先行指标：PPM/内部废料	先行指标：OTD，按客户日期	先行指标：材料使用差异	先行指标：存货的在库天数（DIOH）	滞后指标：利润率	滞后指标：客户满意度调查		客户1	客户2	客户3
	●		●	●	1.利益相关者。到Y日期将有利可图的销售额提高X%	●	●			●	●				
	●	●	●	●	2.利益相关者。到Y日期将利润率提高X%	●		●	●	●					
●	●				3.客户。世界一流的质量和交付		●		●		●				
●	●				4.员工。将满意度提高X%，将最低计划外流动率降至Y%										
●	●		●	●	5.供应链。世界一流的质量和交付	●	●		●	●	●				
	●	●		●	6.社区。承担更多社会责任，满足/超越合规要求						●				

资源：●责任/问责　○咨询/支持

三个QLMS策略：1.改进我们所开展的工作　2.很好地提供新产品/新流程　3.发展技能以实现1和2

该方阵由五部分组成：

（1）6点钟方向（底部位置）列出了组织的战略。制定战略通常是高管团队的责任。

（2）9点钟方向（左侧位置）列出了反映战略地图的相关QLMS举措。作为战略地图绘制过程的一部分，为实现组织战略，每个职能部门都要提出举措建议并就此获取高管层的批准。

（3）12点钟方向（顶部位置）列出了为落实举措而将要执行的关键策略。策略是由组织的适当层级制定的，得到了职能部门管理层的批准。

（4）3点钟方向（右侧位置）列出了KPI指标并将其与BSC挂钩。

（5）KPI部分的右侧代表职能经理为每种策略分配资源的区域。这一重要步骤可防止组织过度使用稀缺资源而导致项目延迟或失败。

欲建立组织战略与部门举措之间的联系，组织还需采取两个额外步骤，以做好充分准备并从流程中受益：

（1）需要为每个指标确定目标值，以便为绩效评估提供标准。目标通常由高管团队制定。

（2）需要实施控制流程，以确保及时更新和分析KPI，而后由负责的职能部门针对不利差异启动必要的纠正措施。

需要注意的是，矩阵的每个交叉点都设置了编号，以便描述战略与举措、举措与策略、策略与KPI、KPI与战略之间的联系。针对流程的每一个步骤，组织需要履行严明的规范，这一点非常重要。但可悲的是，许多组织忽视了前面两个要素，而这正是高管团队制定战略必须的要素。这些组织直接跳跃到选择KPI指标阶段，而未事先确定战略以及相关的QLMS举措。

五、角色和责任

在大多数组织中，高管团队制定战略目标时，行之有效的方式之一是根据自身对所在组织优势、劣势、机会和威胁的理解制定目标。一旦完成战略制定，高管团队可以让管理人员和员工参与到相应举措和策略的制定中来，以期取得预期的战略成果。表2描述了在将执行与战略联系起来的过程中所涉及的角色和责任。第二列中的箭头表明了这一流程所具有的如同"接球"一般的迭代特征。使用方针管理工具，可确保组织清楚了解战略、举措与策略之间的联系，并争取获得组织各个层面的支持。

表 2　　　　　　　　　　　　谁负责什么？

衡量周期	第一季度					
	战略目标	确定项目、举措或流程	KPI衡量指标	KPI目标	实际KPI	评论/解释
高管团队		↕	↕			
管理人员和员工					得分	X
					←--期间结果--→	

平衡计分卡更像社交工具，而非技术工具。

类似的迭代流程还可用来选择 KPI 指标，用以监控策略和举措的实施情况以及战略目标的推进进度。管理人员和员工必须承担起与所选指标相关的职责和责任，并且所有人员都必须形成共识，即适当的指标已部署到位。在这一步骤中，组织在专门确定如何收集、存储和报告指标时应保持谨慎。如表 2 的说明文字所示，指标的收集以及平衡计分卡的编制过程实际上相当于一种社交工具——应本着推动协作和团队合作来实现组织战略目标的目的打造这一工具。重点应放在挑选能够促进预期行为（即社交工具）的指标之上，而不是放在指标本身的精雕细琢（即技术工具）之上。高管团队负责为每个 KPI 设定目标值以确定所期望的变革方向，同时还负责确定战略目标实现的具体节点。管理人员负责执行每个 KPI 指标的衡量和分析流程，并将结果及时告知整个团队。

总而言之，战略地图及其衍生的 BSC 工具是指导组织战略执行的导航工具，而非制定战略的必需工具。大多数高管团队都擅长制定战略，但某些事实表明组织未能成功实施战略。当今，董事会难以容忍未能成功实施战略的首席执行官，从而导致首席执行官及其他主要管理人员任期缩短。

六、方针管理在职能部门的应用

本公告的余下部分将通过项目和举措（目标与战略地图保持一致并以 BSC 作为衡量依据）来对精益概念实施的各个方面进行说明。组织对自身运营过程中实施精益概念产生的益处加以评估，同时根据评估结果，应明确战略地图的各个维度（学习和创新、内部流程、客户和财务）均适合于施行精益目标及其相关项目（针对未在战略执行中采用精益概念的组织，附录 1 更为深入地阐述了采用精益概念所能带来的益处；附录 2 向组织提供了启动精益工作的建议；附录 3 则深入探讨了 KPI）。

虽然所有职能部门都需要保持协同一致，但为简单起见，本部分内容仅专门介绍组织的 QLMS 部门及其与商业战略示例之间的联系。在维护和（或）建立 QLMS 部门合规工具的同时，负责精益生产和质量管理的专业人员需要继续展现他们能够为组织带来的价值。同时，精益生产与质量管理部门应该与组织的其他职能部门保持类似的协同一致，其中包括供应链、工程、人力资源、法律、财务部门等。这些矩阵被称为方针管理的二级矩阵。根据组织规模大小，此类Ⅱ级矩阵可被整合入一份大型实施计划书或在职能部门执行策略时单独使用。然而，重要的一点是，职能团队需要审视彼此的管理矩阵，以避免重复工作，并围绕共同主题开展合作，进一步精简相关举措数量。

（一）组织战略自上而下的流动

第一步是确认、接受并记录组织战略，因为这些战略会对特定的职能部门造成影响。表 3 是组织战略示例的详尽细分：

表 3	组织战略的顺流而下
1. 利益相关者：到 Y 日期将有利可图的销售额提高 X%	
2. 利益相关者：到 Y 日期将利润率提高 X%	
3. 客户：世界一流的质量及交付	
4. 员工：将满意度提高 X%，将最低计划外流动率降至 Y%	
5. 供应链：世界一流的质量及交付	
6. 社区：承担更多社会责任，满足/超越合规要求	

在本例中，企业根据卓越绩效模式（由 Baldrige 基金会制定）以及最近更新的 ISO 9001：2015 标准来组织战略规划，以应对各个"利益相关者"群体的需求，其中包括供应链、员工、客户、当地社区以及股东（SECCS）。质量管理和精益生产专业人员所面临的挑战是将 QLMS 流程和结果与商业战略保持一致，无论这些战略是否特别提及精益生产系统。

（二）确定职能部门采取的举措

接下来的一步是确定职能部门为追求和实现战略目标而采取的广泛举措。这些举措应该认识到战略永远不会保持静态不变，因为环境处于不断变化之中。从本质上而言，战略涉及针对变化采取响应措施，而举措则是落实响应措施的工具。是战略举措，还是仅仅对组织所开展工作的改进，借助这一点就可以将二者区分开来。

制定举措的方法之一就是通过有代表性的组织实施的精益生产系统的四个环节来审视企业状况（见图2）。

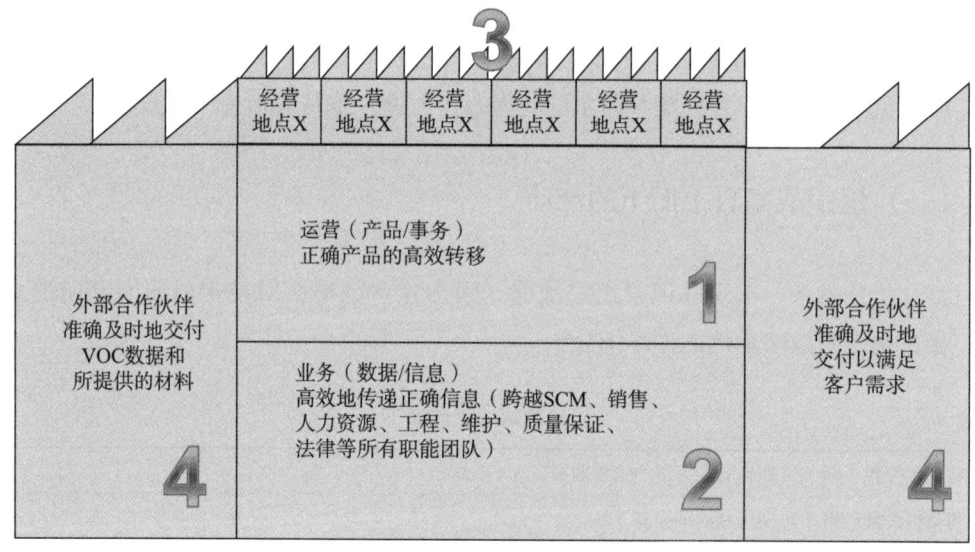

图 2　执行的精益框架

（1）运营：有效（正确）事项的高效（快速）运转。
（2）交易：有效（正确）数据或信息的高效（快速）传递。
（3）企业：有效（正确）事项和信息在整个商业实体中的高效（快速）转移。

（4）外部合作伙伴：与客户、供应商、外部供应商以及合规性组织之间业务数据的有效性和高效性（正确和快速）。

通过逐一审视上述系统，各个职能部门都可以更为客观地关注自有流程，从而更好地帮助组织取得成功。

在确定每项举措时，职能部门管理层应明确每种举措是如何与各种战略互相匹配的（见表4）。其中的关联点有助于揭示举措与战略的一致性。这样做的目的是尽量减少实现既定目标所需采取的举措数量。在该示例中，如果"废料/缺陷有所减少"，则战略1、2、5和6会受到积极影响。废料的减少对于精益生产系统而言是至关重要的，因为如果出现缺陷（无论缺陷存在于零部件之中还是业务数据之中），流程就无法继续向下推进。关联点凸显了QLMS职能部门为实现战略提出的价值主张。

表 4　　　　　　　　　　与战略重点关联的职能性举措

E.合规系统管理	D.QLMS系统优化：业务流程	C.精益生产/持续改进整合	B.客户满意度	A.废料/缺陷的减少；流程控制	
	●		●	●	1.利益相关者：到Y日期将有利可图的销售额提高X%
	●	●		●	2.利益相关者：到Y日期将利润率提高X%
●	●				3.客户：世界一流的质量及交付
●	●				4.员工：将满意度提高X%，将最低计划外流动率降至Y%
●	●		●	●	5.供应链：世界一流的质量及交付
	●	●		●	6.社区：承担更多社会责任，满足/超越合规要求

二级策略（为了落实举措）

顶级举措（为了实现优先事项）

KPI 为了改进

××××年 战略重点 要做到最好需要……

（三）确定用以实现战略目标的策略

在QLMS团队和高管团队就顶层举措达成共识之后，QLMS管理团队就可以着手确定用以落实这些举措的关键策略。关联点再次用于揭示哪些策略可以为对应举措提供支持。在理想情况下，组织所确定的策略可以同时支持多项举措，最大限度地减少需要人员和资金支持的举措总数。此外，该工具还将举措与最初的战略协调起来。

表5列示了执行这一流程产生的结果。该年度所采取的策略与各项举措保持了一致。A1说明了一项策略是如何涉及多个举措的。这种交叉策略让职能团队能够优化利用资源，减少信息孤岛。A2也是交叉性的，会影响到四项举措，而这些举措反过来又影响到所有战略。

表5　与顶级举措保持一致的策略

E.合规系统管理	D.QLMS系统优化：业务流程	C.精益生产/持续改进整合	B.客户满意度	A.废料/缺陷的减少；流程控制	
			●		B1.开展客户满意度调查。评估结果并根据反馈实施连接操作
●	●		●	●	A2.针对所有关键特征执行SPC审核。验证有效性
	●	●	●	●	A1.界定黑带项目并加以实施和维持

二级策略（为了落实举措）

顶级举措（为了实现优先事项）

KPI 为了改进

××××年战略重点 要做到最好需要……

（四）关键绩效指标

本杰明·富兰克林（Benjamin Franklin）曾说过，看好你的小钱，大钱自然会照顾好自己（即小事谨慎，大事自成）。这是一个非常睿智的建议，同样可用于管理关键绩效指标（KPI）以及区分先行指标和滞后指标。从本质上讲，如果仅管理滞后指标，那么，管理系统在很大程度上会处于被动状态，缺乏主动性或前瞻性。例如，利润率是一个典型的滞后指标。从华尔街的角度来看（例如对于投资分析师而言），利润率绝对是个必不可少的指标。然而，通过预先对关键输入信息进行管理，如废料、返工或加班等，团队将有更多的机会取得更为理想的财务业绩。对先行指标（驱动因素）加以管理，滞后指标自然而然会得到改善。

长期来看，先行指标与滞后指标之间似乎存在着一定的同步性，其比率为2∶1。团队通过努力管理这些先行指标（小钱），滞后指标（大钱）通常会进行自我管理。

表6列示了先行指标和滞后指标。KPI与策略之间的联系显而易见。这种显而易见性带来的巨大好处是组织能够了解并可能预测每项策略对KPI的影响，这让组织负责企业治理的职能部门能够更清楚地确定QLMS职能如何为团队提供实际价值。

表6   KPI

B1.开展客户满意度调查。评估结果并根据反馈实施连接操作	●	●		●	●
A2.针对所有关键特征执行SPC审核。验证有效性	●			●	
A1.界定黑带项目并加以实施和维持	●	●	●	●	
顶级举措（为了实现优先事项） / 二级策略（为了落实举措） / KPI 为了改进 / ××××年战略重点 要做到最好需要……	先行指标：PPM/内部废料	先行指标：OTD，按客户日期	先行指标：材料使用差异	先行指标：存货的在库天数（DIOH）	滞后指标：利润率	滞后指标：客户满意度调查

（五）资源分配

在方针管理战略完全到位之后，领导团队可通过制定协调一致的举措和有效的策略，以组织战略为起点，建立清晰的联系。如表7所示，最后一步是将各个职能部门的资源与每个策略协调起来，以确保所制定的规划有很大的可能落到实处。

表7　　　　　　　　　　已完成的Ⅱ级方针管理矩阵

					Ⅱ级矩阵——××××年：质量/精益生产管理系统（QLMS）									
		●			B1.开展客户满意度调查。评估结果并根据反馈实施连接操作	●	●		●		●			●
●	●		●		A2.针对所有关键特征执行SPC审核。验证有效性	●	●		●			●		
			●	●	A1.界定黑带项目并加以实施和维持	●	●		●		●			
E.合规体系管理	D.QLMS系统优化：业务流程	C.精益生产/持续改进整合	B.客户满意度	A.废料/缺陷的减少；流程控制	二级策略（为了落实举措） 顶级举措（为了实现优先事项） KPI 为了改进 ××××年战略重点要做到最好需要……	先行指标：PPM/内部废料	先行指标：OTD，按客户日期	先行指标：材料使用差异	先行指标：存货的在库天数（DIOH）	滞后指标：利润率	滞后指标：客户满意度调查	客户1	客户2	客户3
	●		●		1.利益相关者：到Y日期将有利可图的销售额提高X%	●	●							
	●				2.利益相关者：到Y日期将利润率提高X%		●	●						
●					3.客户：世界一流的质量及交付		●							
			●		4.员工：将满意度提高X%，将最低计划外流动率降至Y%									
					5.供应链：世界一流的质量及交付	●	●	●			●			
	●	●			6.社区：承担更多社会责任，满足/超越合规要求									

资源：● 责任/问责　　○ 咨询/支持
三个QLMS策略：1.改进我们所开展的工作　　2.很好地提供新产品/新流程　　3.发展技能以实现1和2

（六）协调一致的执行

一旦确定了举措、策略和KPI，组织就可通过实施已制定的策略来开启协调一致的执行过程。策略的实现有助于推动举措的实现，进而推动战略和KPI的实现。KPI和具有层递特征的经营绩效指标（OPI）提供了协调机制。俗话说："考核什么，就会得到什么。"KPI和OPI为管理人员和员工团队提供了"瞄准线"，以便他们了解自己的工作（优先事项和行动）是如何为战略目标的实现做出贡献的。

七、结　束　语

为了有效执行企业的整体战略，制定方针管理方法（Hoshin Kanri），将企业的关键战略与组织职能部门的战略关联起来，这一点至关重要。有条不紊地施行方针管理流程，消除了孤岛现象，提高了员工的参与度，进而推动了关键战略的成功实施。通过建立这些联系，整个组织只需要实施较少的举措，同时制定精准的策略，以推进公司战略的执行。

在战略和策略制定完成之后，组织需要确定 KPI 以便对实施进度进行监督。通常按 2∶1 的比例制定先行指标和滞后指标，这样一来，组织可以更具主动性，而不是面对最终结果做出被动反应。此外，方针管理方法还有助于剔除冗余或相关联的指标，从而在很大程度上实现指标系统的简化。利用过程控制的基本原则，组织可以专注于减少差异和改进基本流程。在方针管理方法和 KPI 到位之后，即可执行策略。

其 他 资 源

Chad Smith and Debra Smith，"The Importance of Flow and Why We Fail So Miserably at It，" *Quality Management Forum*，Spring 2015，pp. 17 – 25. 这篇文章阐述了精益制造环境中"流"的定义及其对组织取得成功的重要性。

Grace Duffy，"Evolutionary and Revolutionary Decision Making Models，" *Quality Management Forum*，Spring 2015，pp. 9 – 12. 这篇文章就如何制定战略计划的一般内容提供了进一步的见解。

Daniel Zrymiak，"Understanding Governance Within Organizational Excellence and ManagementSystems，" *Quality Management Forum*，Spring 2015，pp. 5 – 8. 这篇文章概述了一些可能将职能目标与组织战略联系起来的方法。

Gary Cokins，"Fixing a Kite with a Broken String – The Balanced Scorecard，" *Quality Management Forum*，Spring 2015，pp. 13 – 16. 有几种方法可用于开发 KPI，这篇文章对此提供了很好的指导。

附录1　在整个企业中实现精益生产

（一）将精益生产举措与战略结合起来的益处

精益生产相关商业案例极具说服力。消除浪费可以提高员工的工作效率，缩短最终产品的生产周期，降低单位成本。这直接影响到组织的盈利能力及其对股东的价值。杜邦公式表明，股东价值与投资回报率密切相关。因此，有效的精益生产战略可以为股东价值带来以下好处：

（1）缩短周期时间，减少在产品库存方面的投资；

（2）在价格保持稳定的情况下，降低单位成本意味着提高利润率；

（3）在资源既定的情况下，提高生产率可以带来更大的产能。

从战略上讲，凭借精益生产所带来的好处，组织可通过以下方式在市场上保持更大的灵活性：

（1）缩短周期时间，更快地响应市场需求信号的变化；

（2）降低单位成本，保持更具竞争力的定价；

（3）通过提高现有资源的生产效率来提升内部能力并抓住新机遇。

这些好处已经在现实应用中得以证明，其中包括 *Lean Management 50-50-20* 一书中所提及的好处。① Accuride 公司的案例表明，通过有效实施精益生产，运营流程的交付周期缩短了 50% 以上（见图 A1-1）。在这种情况下，单位成本通常会降低 20% 甚至更多，这就使公司能够更具灵活性，定价更具竞争力，进而可以在不牺牲当前利润率的情况下获得更多业务。

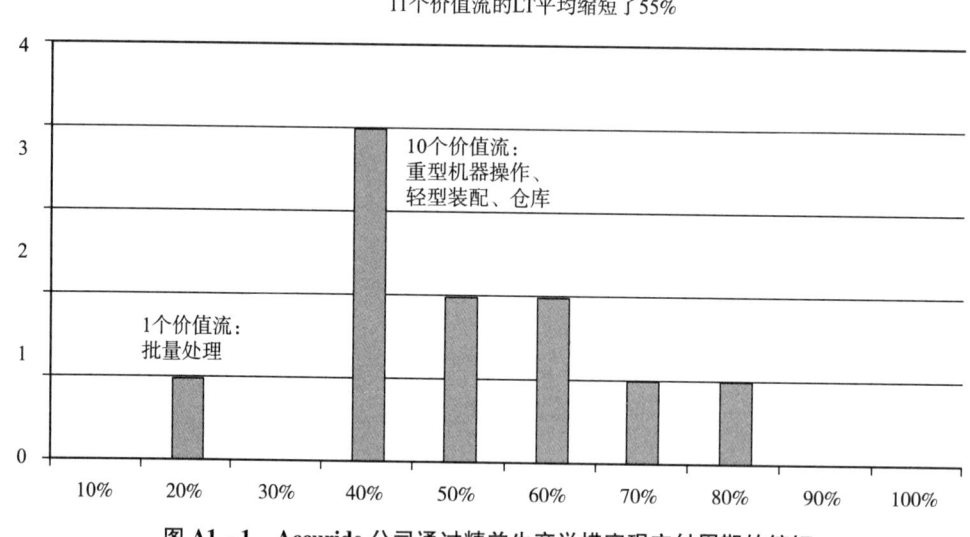

图 A1-1 Accuride 公司通过精益生产举措实现交付周期的缩短

---

① Marhevko, Srivastava, and Blair, 2016.

即使市场本身处于停滞状态，精益生产系统应该也能让核心业务流程减少50%~75%，如新产品的推出、报价请求或订单到收款周期。这让组织能够通过先行报价获得新业务，领先一步进入市场，提供更具竞争力的价格并及时回款。

此外，精益生产组织还可以识别机会，与客户和供应商展开合作，以提高库存周转率并缩短周期时间，从而减少整个价值链的库存和降低单位成本。

（二）精益生产是如何发挥作用的

在做出致力于成为精益企业的决策时，组织需要了解自身的关键价值流。价值流是用于形成组织产品或服务的流程，可包括劳动力投入、物料流和实现客户期望所需的信息。精益生产企业所蕴含的基本原则是不断审视流程和程序以消除浪费，提高组织各个部门的效率和效益。浪费是指任何无法为客户青睐以及愿意购买的产品或服务做出直接贡献的活动。浪费可能显而易见（如返工或不合格产品），也可能不易觉察（如等待物料或数据的时间、生产过剩、加工物品的过度运输）。

精益生产虽然常被视为一门制造领域的学问，但许多研究表明，精益生产也可成功应用于几乎任何类型的流程，包括服务提供组织和支持型组织。在财会领域，浪费可以表现为未能强化内部控制的审批步骤、需要重新开票的错误发票或需要重新编写的不实报告。

组织通常首先瞄准业务运营（通常称为精益制造），作为落实精益概念的开始。重点关注组织制造和（或）运营领域的核心价值流。无论涉及的是产品还是流程，精益运营都是指所需交付内容的有效和高效流动。简言之，精益生产事关流动。如果在整个流程中组织可以更为快速地促使产品流动并缩短交付周期，那么，生产率将得到提高，单位成本也会降低。

接下来是实现数据/信息的有效和高效流动（业务领域的精益概念）。由于核心价值流依赖于准确且及时传递的数据，但这些数据通常不在组织的控制范围之内，因此，组织能够加以优化的核心价值流往往有限。在企业中，这些支持性职能部门通常包括工程、供应链、质量、环境健康和安全（EHS）、销售和市场营销、人力资源、财务、IT、法律部门，等等。通常，这些业务团队几乎不能为客户提供购买的实际产品，但他们是企业支持架构的必要组成部分。

支持性职能部门的责任是开发、管理和运行必要的系统，从而以最具效率（流动）和最为有效（质量）的方式提供服务。如果能做到这一点，那么大幅缩短交付周期（超过50%~75%）以及显著减少错误和返工（80%~90%）并非难以企及（见图A1-2）。

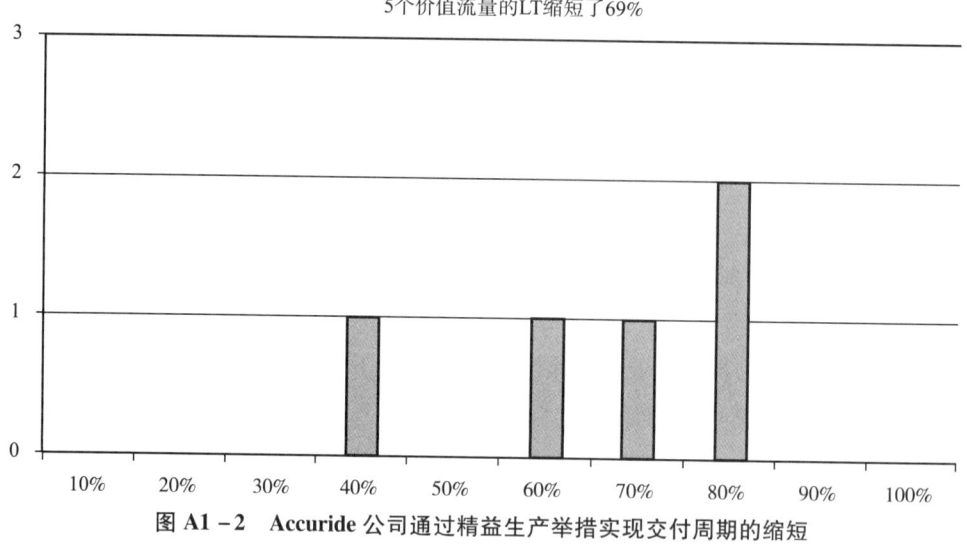

图 A1-2 Accuride 公司通过精益生产举措实现交付周期的缩短

组织是否应通过传统的精益运营步入精益生产阶段？抑或从业务层面着手？是否有可能成功地从业务流程先行入手？绝大多数公司都是从精益运营开始着手精益生产的，但试想一下，如果首先从企业的业务流程着手，那么，在如何部署精益生产方面，业界的观点将会如何转变。如果业务流程已经实现了高效且有效的流动，那么，企业的其他部分将会以多快的速度加以跟进？或者，办公室人员还在试图弄清如何将精益生产应用于自身工作，因而迟迟未见行动？在运营中，产品转换过程的优化程度只能取决于业务流程所赋予的优化程度。虽然对于零部件而言，组织能够轻松获取它们的精益价值流数值，如交付周期、生产率和单位成本，但是组织需要从大公无私和服务大众的角度来审视自己，提出"让我们真正从最顶层开始吧"。业务的"标准作业"（StdW）样本（见图 A1-3）以近 50 名专业人士为对象，评估了他们是如何支配自身时间的。其中，约 10% 的时间纯粹用于返工和等待迟到的和（或）不正确的信息。如果一个直接人工团队耗费整整 10% 的时间进行返工和等待，那么试想一下可能采取的行动，组织应该立刻深入调查这一问题并加以解决。如果业务团队最初只关注自身系统存在的此类浪费情况，那么，组织就有可能将 10% 的员工重新安排到其他业务中去。

当精益生产推进至这一阶段，运营环节应该能实现非常流畅的运转。由于核心价值流在流动和质量方面得以优化，因此，组织可以优化外部流程以更有效地提供支持。对于大型的多地经营的垂直整合组织而言，内部运输是一种常见的业务活动。高效（流动）

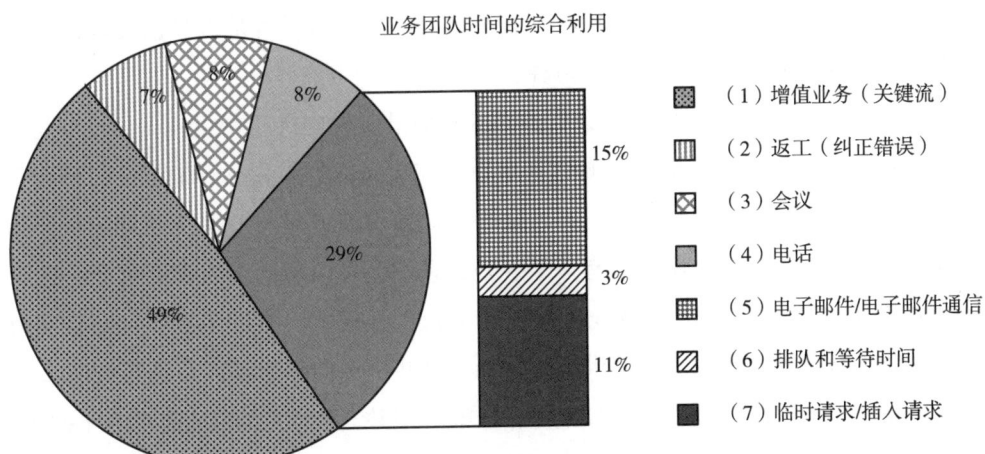

内部业务团队由50名专业人员组成,其样本数据显示10%的时间为非增值时间(返工、排队和等待时间)。如果该流程将交付周期缩短75%且提高效率,那么,有望节省10%的时间。

图 A1-3 业务团队时间综合利用的案例研究结果

且有效(高质量)地管理这些系统订单,这将进一步提高企业的灵活性。通过关注整个组织范围内的产品和流程业务,在大幅缩短交付周期方面,企业将实现下一步的重大飞跃。同样,随着系统存在的严重浪费不断暴露出来,"时间就是金钱"这句格言所说明的道理将变得更显而易见。

(三)基准管理——借用他人之眼

如果组织认识到精益生产的价值并正在寻找将精益生产与业务战略结合起来的方式方法,那么,对于这类组织来说,一个有价值的工具便是在价值流绩效方面,与同一行业组织、实施类似流程的组织甚至是其他领域的杰出组织看齐。全球供应链专家比尔·沃德尔(Bill Waddell)指出,"透过同一个视角来审视你的企业,这并不会带来你所期望的改变。相反,您必须学会通过丰田公司的眼睛来看待企业……"(或通过任何您所认定的可参照的企业的眼睛)。[1]

我们如何强迫自己通过不同的视角来审视自己的组织?而后,我们如何将这些反馈信息应用于业务战略?在将我们的职能性举措与业务战略联系起来的过程中,我们需要采取哪些关键流程步骤?随后,为了打造一个精益生产组织,我们需要实施哪些主要步

---

[1] Bill Waddell, "Toyota Eyes," www.bill-waddell.com/leadership-and-culture/103-toyota-eyes.

骤来驾驭协调一致的力量？组织如何客观看待自己的业务以了解是否存在实现精益的可能？业务团队通常可以考虑以下两种途径：

（1）聘请第三方进行评估并确保从咨询机构那里获得支持。

（2）找到一种方法来开展基准测试并由自己完成全部的工作（DIY）。

两者都存在很明显的利弊。第三方评估可能耗费不菲，但与 DIY 方法相比，整体的交付周期可能较短。选择合作伙伴有一个好处，它不但可以帮助组织识别机会，还可以帮助团队启动精益生产工作，而不会给组织带来永久性成本。有许多声誉良好且实力强大的精益生产第三方从业者资源可供组织选择。这些资源似乎遵循一个通行方法：

（1）帮助组织开展初步评估，推动组织初步创建反映当前状态的价值流程图（VSM）。

（2）为企业提供基本的精益生产和系统培训。

（3）选择不插手，而是让企业自身的团队成员完成实际工作，第三方则从侧面进行监督。毕竟，第三方是向企业"授之以渔"。如果由第三方执行任务及实施系统，那么，即便流程得以改进，企业对它的掌控通常也不会持续长久。

（4）随着改进阶段的不断推进以及企业的演化发展，第三方将逐步退出，让组织能够独撑大局。根据组织的规模大小和复杂程度，这种合作关系可以持续两到四年或更长的时间。

（5）最为重要的一点是，如果组织尚未做好准备或者不能有效地投身于这一工作，那么，第三方可以解除它与组织（也就是客户）的合作关系。又有多少组织愿意将业务拒之门外呢？

第三方合作伙伴可以具备强大的实力，能有效地开展工作。当组织内部的团队不知如何启动精益生产或从何处着手时，第三方可能是一个很好的快速选择。

DIY 方法也有其优缺点。一些人认为，这一方法的主要缺点可能是实施工作需要更长的前置时间。正如我们所知道的，时间就是金钱。但无论如何，只要组织踏上精益生产的旅程，只要高管团队致力于此，组织就可以抵达旅程的终点。一个非常积极的方面是在这一过程中，组织独特的文化得以培养。不认可这一过程且不愿参与其中的员工通常会自行选择离开。除了不必提供遣散费之外，这一方式对于公司而言可以更为顺畅地得到推行。

几个大型的涉足广泛的非营利组织（NPO）可为采用 DIY 方式的公司提供帮助。这些非营利组织经常举办各类会议、网络研讨会和实地考察并提供本地培训、指导支持以及基准测试机会。这些非营利组织的参与程度取决于组织自身：根据自身意愿，组织可将可多可少的工作交给非营利组织完成。这些组织拥有调查工具，企业可以借此自行展开调查。当公司致力于自己的精益工作时，它们可以通过认证计划与其他组织一较高下。当一个组织已经为客观评估做好准备时，它可以提出认证申请。这些非营利组织将派遣领域专家（SME）前往企业，评估企业的精益生产执行程度，而这一过程涉及的主要费用是差旅（T&E）成本。这类非营利组织包括：

（1）鲍德里奇（Baldrige）基金会：鲍德里奇基金会负责管理美国的鲍德里奇国家卓越绩效计划。美国总统为这一奖项颁奖。卓越绩效联盟（Alliance for Performance Excellence）负责管理州一级的鲍德里奇卓越绩效奖。几乎每个州都参与了这个计划。这一过程提供了一种绝佳方式，组织可以借此学习如何开发、实施和管理卓越绩效系统，然后参与现场评估以了解其他组织是如何应用这些技术的。美国质量协会（ASQ）是 Baldrige 卓越绩效流程的支持者。

（2）卓越制造协会（AME）：AME 的认证项目是 AME 制造卓越奖。AME 侧重于为企业提供指导。与鲍德里奇基金会一样，AME 制定了严格的申请流程，这迫使组织以客观和内省的方式进行自我审查。

（3）新乡（Shingo）研究所：新乡推出的认证项目是新乡卓越运营奖。新乡会对组织的持续改进系统进行深入的评估，并因此享誉全球。

（4）日本科学家和工程师联合会（JUSE）：JUSE 推出的认证项目是戴明奖。

（5）此外，还有一些精益系统自我评估工具。除了上述组织提供的工具外，沃德尔的"精益调查一百问"具有非常高的直观性。[①]

无论企业为自己的精益化旅程选择了何种支持方法，这种方法都应该让组织能够迅速改善自身，从而为客户提供更多的价值，提高自身的竞争力。

（四）精益生产带来的成果

根据组织所具有的关键价值流的类型，与数十个价值流相关的经验表明，通过有效的精益项目，企业可以取得以下常见的成果：

（1）运营相关流程的交付周期缩短了50%以上。根据流程的类型，如重型组件/部件产量、大规模机器加工、资本设备建造等，这一结果表现出一定的差异。流程所涉及的人工程度越高，其交付周期的缩短幅度通常更大。

（2）批次作业系统，按产品批次同时开工生产，如喷涂、热处理、化学浸洗、批量配方批次等，交付周期缩短了20%~40%。

[①] Bill Waddell, Lean Systems Audit, 2010.

(3) 业务和数据流相关流程的交付周期平均缩短了70%以上。

在一项案例研究中，一系列流程（其中包括分批次流程、重型机械流程、轻型装配流程等）所涉及的8项价值流在总体上实现的改进具体体现在：交付周期平均缩短55%，生产率平均提高60%，单位成本平均降低25%。

图A1-4展示了生产率相对交付周期的函数，生产率随着交付周期的缩短而发生变化。图A1-5展示了单位成本相对交付周期的函数，单位成本随着交付周期的缩短而有

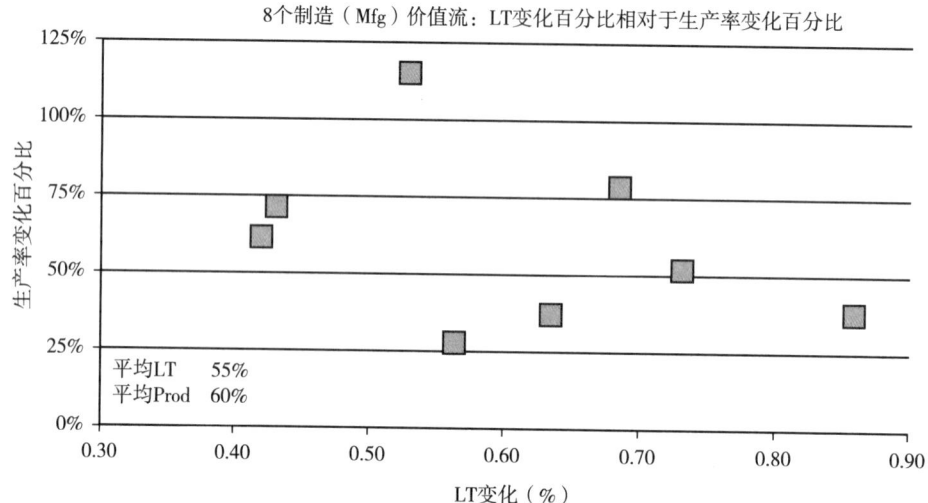

图A1-4　生产率相对交付周期的函数，其相关变化的案例研究结果

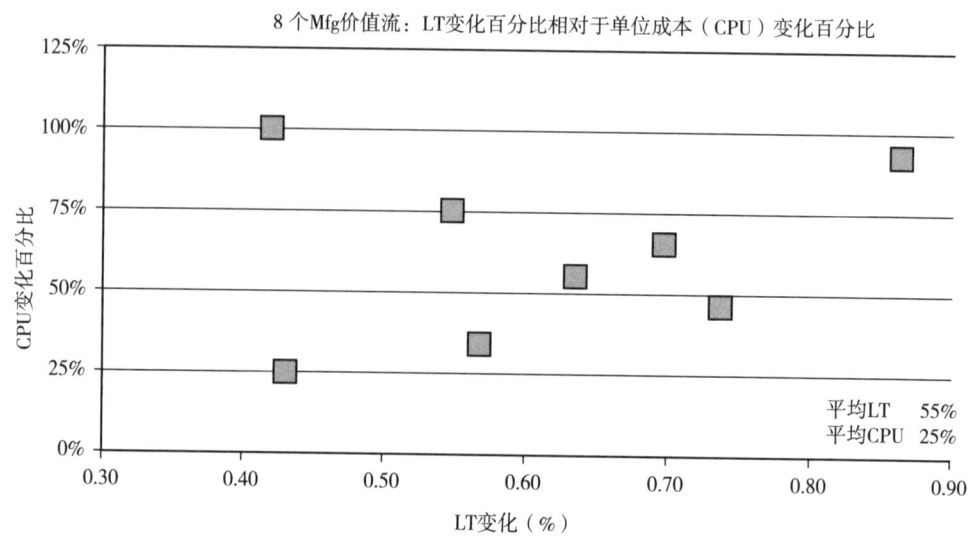

图A1-5　单位成本相对交付周期的函数，其相关变化的案例研究结果

所降低。单个结果似乎显示两个变量之间的相关性很小，但交付周期的变化总是会带来生产率的提高。结果之间的差异反映了流程的多样性。

（五）成功实施精益生产面临的风险

成功实施精益生产将不可避免地造成了价值流程执行人数的减少。精益生产通常会涉及一些负面评价，用通俗的话讲，就是"精益生产"意味着"只需更少的员工"。从表面上看，事实的确如此，但这并不一定是件坏事。在解决精益生产计划所造成的作业取消、人员冗余情况时，组织通常面临三种选择：

（1）重新安排：组织应对从非增值活动或低效活动中解放出来的人员在内部进行重新安排。经过培训的、具有丰富经验的人力资源能为组织提供低成本的额外产能。这些工作人员可以更加深入地了解组织各个职能部门的工作，这些认知可有效地应用于未来的精益化改进工作之中。此外，与这些员工进行合作，以便在组织内部找到继续适合于他们的令人满意的工作，有助于建立信任文化，减少进一步改进所面临的阻力。

（2）减员：一些员工根本无法承受精益流程所带来的系统性变化从而会选择退出。当他们离开时，就会发生自然减员，因为他们通常不需要被替换掉。一家公司的经验是，根据运营类型的不同，在五个基准精益系统的实施过程中，整个企业的减员程度在3%～5%不等。

（3）裁员：这应该是组织所能采取的最后手段。每个人都会经历商业环境的变化，这种变化让组织无法大规模地重新安排员工，或仅仅通过自然减员来及时裁员。侧栏文章"只需更少的员

只需更少的员工

在努力推行精益生产文化时，组织通常会遭遇不同程度的变革阻力，这是因为人们认为精益生产所隐藏的实际目的是减少工作岗位。

已经成功实施精益生产的组织，在致力于保留、再培训以及重新安排现有员工方面展现出了诚恳的态度，这让组织能够取得更大的成功，让工作更有保障。

组织可以通过方针管理来彰显这一承诺，其中，组织的各个层级就举措、战略以及资源之间的联系达成了一致。

当然，若想让员工建立信任，其中一环就是清晰而坦诚地进行沟通，让员工了解风险和机遇。总会出现一些情况，此时，组织根本没有增长和扩张机会。有些员工会因为前途不明或不愿意适应新的文化而选择自愿离开。裁员作为最后的手段，可能也是需要的。但问题是员工是否认为组织已经考虑了所有的其他替代方案。

工"强调了几种方法,借此,组织可以在裁员的同时,避免影响精益项目的实施进度。

在财富500强公司中,至少已有两家公司证明可以通过重新安排冗员,让他们组成解决问题的临时团队,为整个企业服务。这种"自给自足"的方法极为有效,不仅节约了大量费用,为企业利润做出贡献,与此同时,还为这些人员提供交叉培训,让他们能够有效地承担各类工作。一家企业通过重新安排冗员来取代各个领域中的第三方承包商。但是通常情况下,当出现人员流失或增长缺口时,可以从内部挑选冗员来加以弥补。这些冗员给企业利润带来的积极影响要远远超过将冗员安排到另一个岗位之前所产生的"临时"保留费用。有一家企业在两年时间内没有招聘任何新员工,但它的业务规模和市场份额均有所增长。[1]

如果组织仅仅关注精益生产所带来的"减员"效应,那么或许可以实现短期收益,但却无法实现长期可持续发展。若想实现后续的精益改进,组织将面临文化方面的挑战,这是两个因素造成的后果:

(1) 领导团队大谈特谈"组织的非重点工作",意味着其注意力未能有效地放在企业的改善工作上。

(2) 失去员工的信任,这意味着实现有意义的改变所需的献身精神、创造力和毅力可能不能用于应对流程和程序改进所带来的挑战。

附录2 实施精益生产[2]

那么从哪里着手呢?组织如何利用战略计划与职能团队之间的职能性联系并同时推动精益工作呢?已有数百家企业取得了成功,有太多的书籍可供参考。所提及的每种模式都在某些企业中发挥了作用。那么,什么样的方法才适合于你的企业呢?

从精益生产的业务角度来看,当前,已出现了许多专业,如精益会计、精益销售和

---

[1] Marhevko, Srivastava, and Blair, 2016.
[2] 有关精益生产和精益会计的更多信息,请参阅以下相关管理会计公告:《精益企业基础》(*Lean Enterprise Fundamentals*)和《精益企业会计》(*Accounting for the Lean Enterprise*),网址为 www.imanet.org。

营销、掌握精益产品开发的精益工程、精益供应链和物流以及精益人力资源，等等。[①]一个认真负责的领导团队应该通过这一事实认识到，精益生产所涉及的不仅仅是运营层面。

在运营层面，有诸多精益"工具"可供组织利用。其中许多工具同样可以很好地转化为业务层面的工具，如价值流程图、5S 分析、看板管理以及防误防错（poka-yoke）。然而，有一项通常不易加以转化，那就是应用"标准作业"（StdW）所产生的优势。找到一个拥有秒表的工业工程师，确定操作人员将 X 部分投入机器 Y 的最佳方法，然后执行步骤 A 到 Z。对于组织而言，这很容易。试想将标准作业的操作人员转化为维护人员、管理贷记/借记凭证的财务人员、供应商质量工程师、软件工程师、实验室技术人员等。在适当之时，针对间接人工岗位开展"标准作业"分析，这可能是非常有效的。与运营相关的人员能够为企业创造价值，并且可与销售的变化波动联系起来。处于业务岗位的人员需要尽可能地优化他们的流程以实现利润潜能的最大化。精益生产所蕴含的基本原则可贯穿应用于整个企业。

（一）将整个企业的关键价值流协调起来：产品价值流和业务价值流

Jonathan Chong 撰写了关于企业整体价值流程图（VSM）的文章 *Practitioner Briefing on Enterprise-Wide Value Stream Mapping：Create a Vision of Your Company That Really Puts Your Customers First*，阐述了企业如何从 5 万英尺的高度来看待自身。[②] Chong 确定了企业整体 VSM 的五个主要组成部分：

（1）业务：营销和销售价值流。

（2）业务：产品开发价值流（参见"汽车行业的产品开发"，其提供了产品开发价

[①] Brian Maskell, Bruce Baggaley, and Larry Grasso, *Practical Lean Accounting：A Proven System for Measuring and Managing the Lean Enterprise*, Productivity Press, 2003; Ade Asefeso, MCIPS, MBA, *Lean Sales and Marketing*, lulu. com, 2013; Ronald Mascitelli, *Mastering Lean Product Development：A Practical, Event-Driven Process for Maximizing Speed, Profits and Quality, Technology Perspectives*, 2011; Paul Myerson, *Lean Supply Chain and Logistics Management*, McGraw-Hill, 2012; Dwane Lay, *Lean HR：Introducing Process Excellence to Your Practice*, CreateSpace Independent Publishing Platform, 2013.

[②] Jonathan Chong, "Practitioner Briefing on Enterprise-Wide Value Stream Mapping：Create a Vision of Your Company That Really Puts Your Customers First," TBM Consulting Group, March 2013, http：//beta. tbmcg. fr/whitepaper_assets/ManagementBriefing_Value_Stream. pdf.

值流的示例)①。

(3) 运营：运营价值流。

(4) 业务：显示数据流的 IT 基础架构。

(5) 业务：供应链（和物流）价值流，它包括几个方面：

①货物接收的规划管理，包括通过看板市场来开发拉动信号。

②外部服务提供商（OSP）的规划管理，这些提供商能在企业"自身范围（四面墙）"之外为产品增加价值。

③规划和协调最终产品及服务的运输和物流。

图 A2-1 是一家业务遍布多地的制造商采用的 VSM 高层概念，其中显示了业务流程、运营和供应链连接。一组正式的 VSM 将针对特定的价值流提供更多的信息。此图的目的是揭示多地经营的公司其经营地之间内部运输的复杂性。

汽车行业的产品开发

汽车行业拥有一个非常明确的模型，它是由汽车行业行动组织（AIAG）发布的，被称为"先进产品质量计划"（APQP）。产品规划通常借助"分阶段关卡方法"加以执行。APQP 确定了五个阶段。（其他产品开发系统确定了六个、七个或更多的关卡。）当组织针对其产品开发系统开展价值流分析时，应该对每一个关卡加以考虑。(AIAG 提出的）一些关键的关卡考虑事项如下：

1. 规划和界定新产品或新流程。这项工作通常是基于客户的意见和（或）营销分析。

2. 产品设计和开发。这项工作涉及原型开发和可行性审查，后者是指是否能以符合战略目标的方式来提供产品或流程。

3. 流程设计和开发，即创建和测试新产品和（或）新流程。这项工作包括产品/流程的实际创建过程以及产品/流程执行所依据的制造或系统开发流程。

4. 通过试点进行产品/流程验证。流程经验证为有效流程。

5. 反馈、评估和纠正行动。新产品或新流程得以发布。对整个流程的数据加以评估并将其反馈到整体系统中，用于"吸取教训和进行变革管理"。

当前，组织首先关注的似乎是第三个组成部分，即运营价值流。如模型所示，组织将重点放在了将公司各个经营地的交付周期缩短 50%。如果当地员工接受了有效的方法培训，那么，可在各个经营地同时实现这一点。

各个经营地通常可以获得快速且可观的回报。在它们沿着精益旅程不断推进的过程中，团队往往能认识到业务流程需要迎头赶上，如模型所示，其传统上涉及第 2、第 4 和第 5 部分。随着公司关注范围的不断扩大，第 1 部分将与经营地之间的产品和流程物流相整合。值得注意的是，若想实现这一点，质量管理体系需要处于良好状态。

---

① Automotive Industry Action Group, *Advanced Product and Quality Planning and Control Plan*（APQP）, Second Edition, 2008.

通过战略协同，实现卓越业绩：利用方针管理将精益生产措施与商业战略联系起来

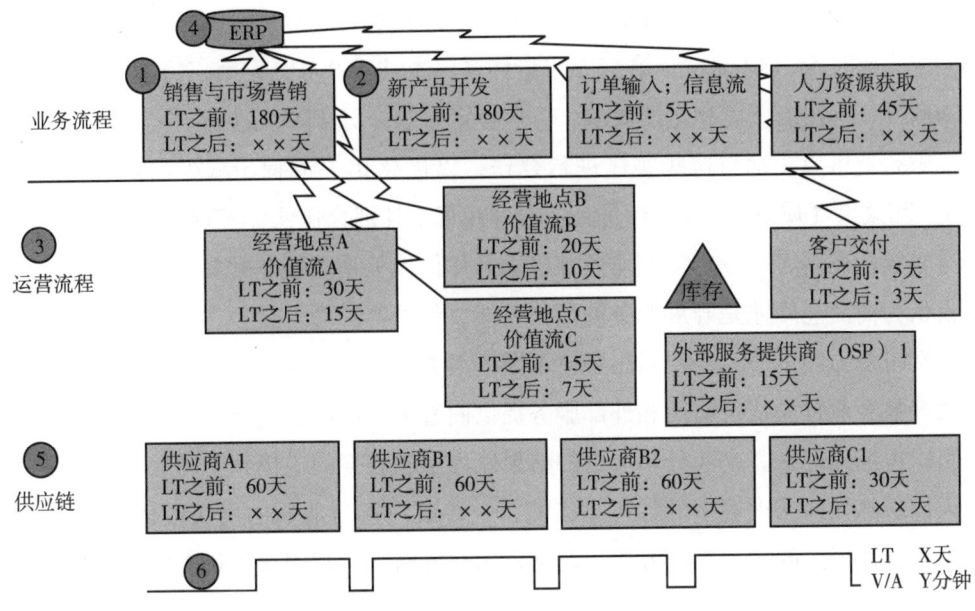

图 A2-1　多地经营组织的概念价值流程图

（二）整合伙伴：客户、供应链、合同服务，主要涉及业务

继续沿着这条"由内向外"的路径推进，最后阶段的关注点（图 A2-1 中的第 5 部分）包括组织外部的所有合作伙伴。无论组织首先执行的是运营流程还是业务流程，在最后阶段与外部实体携手合作将最具意义。在出门之前，先把房子整理得井井有条。这为供应商设定了一个示例，让管理层能够清楚了解组织需要向供应商提出什么要求。

在外部合作伙伴的范畴内，组织需要考虑几类大型的实体，它们通常包括：

（1）客户：前端业务流程，如销售和预测规划、订单输入确认、订单输入处理等；后端业务流程，如物流交付、排序、计费以及不可避免的借项凭证处理。

（2）OSP：支持其前端业务流程，如销售和预测规划、订单输入确认、订单输入处理等。了解其后端业务流程需求，如物流交付、排序和计费。

（3）供应商：支持其前端业务流程，如销售和预测规划、订单输入确认，订单输入处理等。了解其后端业务流程需求，如物流交付、排序和计费。

（4）需要第三方合规的内部/外部职能：财务、质量、供应链以及环境健康和安全系统通常都具备了某种形式的合规标准，需要内部或第三方的支持，例如《萨班斯-奥

克斯利法案》(SOX)、《关税与贸易总协定》(GATT)、美国反虚假财务报告委员会下属的发起人委员会（COSO）、第三方质量体系（如 ISO 9001）、第三方 EHS 体系（如 ISO 14001）、所在国环境和定期要求、行业特定要求（如 FDA 法规）。

高效企业可以主动与这些实体进行合作，以优化相关流程、减少浪费、提高效率（流动）和效果（质量），其目标是企业本身和每个外部合作伙伴实现"双赢"。

有时候，邀请客户参与谈判协商并建立合作伙伴关系可能非常具有挑战性。有些客户仅仅认为商品仓库才是开展业务的最佳方式。帮助客户理解精益生产的价值主张可能是一项费时费力的工作，需要做出坚持不懈的努力。

大多数企业首先从供应商和外部服务提供商着手，以此为起点，不断发展推进，将合规组织也纳入进来。企业分享取得的结果以展示新获得的敏捷性。随着精益生产的好处为人们所熟知并获得更多的认可，当前，一些客户正与他们的供应商建立拉动关系，要求采用合作形式的精益系统方法。对于合作双方而言，利用这些机会能为他们带来经济收益。

（三）治理方面的说明

复杂组织应通过指导委员会或 QLMS 理事会对业务改进工作加以治理，这一点非常重要。治理工作包括确定项目和资源的优先等级、分享最佳实践、跟踪所有经营地点以及流程领域的教训。在案例研究中，组织利用健全的治理结构推动了业务单位（拥有 6 到 10 个经营地点）各个经营地的执行速度，能在 2~4 年的时间内看到明确记录的结果。在加快执行速度方面，利用方针管理是一项关键因素。

在案例研究模型中，公司在自身范围内（包括各个经营地点）将交付周期平均缩短了 55%。当业务流程得到整合且企业的整体价值流程图得到执行之后，整个价值流还可节省 25%~30% 的运营资本。

治理工作的另一个方面是利用产品成本核算工具来识别其他机会，如精益会计或作业成本法（ABC）。在精益会计方面，会计师应该明白同时运用两种或更多"共存"的管理会计方法是可以接受的。可行的情况下，ABC 应该应用于产品、服务线、渠道和客户的战略利润率分析。精益会计是为了改进运营，不同类型的成本将满足不同信息使用者的不同目的需要。

传统的销货成本（COGS）是一项关键指标，通常用于衡量盈利能力。它有三个基本组成部分：材料、间接费用和直接人工，它们是生产产品所需的成本，此时尚未涉及销售、综合及行政管理费用和税费的分摊。在北美地区，根据产品或流程类型不同，材料常常构成COGS的最大组成部分。通常，它可占到COGS总额的60%~70%。第二大组成部分往往是相关的间接费用。为减少人工成本，高管层将重点放在严格执行精益生产上，但关注点可能大错特错。请考虑原材料、半成品和成品库存所占用的投资，它们在企业内部以及外部移动所造成的"间接费用"浪费以及库存持有成本的组成部分。这所涉及的并不是在低成本国家进行采购或逼迫供应商做出成本让步，它纯粹是为了减少持有数量，只购买真正需要的东西。实施适当的治理能确保整个组织专注于解决需要解决的问题。回想一下上文围绕股东价值与投资回报率（盈利率除以投资）关联等式所做的讨论。有效的精益计划可在这两部分发挥作用。

附录3　KPI

试想一下，如果组织的每名员工（从底层员工到顶层CEO或总经理）每天都需要回答这个简单问题：在重要事项上我做得怎么样？把KPI纳入BSC或仪表盘，将实际情况与目标进行比较，问题的后半部分就可以轻松得到回答。但问题的前半部分才是关键，而重要KPI是通过战略地图推导而出的。

衡量工作更像是一个社会系统，而远非技术系统。选择和衡量KPI是关键任务。你衡量什么，就会得到什么，而战略地图及其相关的BSC更多地服务于社会目的，而非技术目的（尽管信息技术和软件是必不可少的促成因素）。绩效衡量指标可以激励员工，让他们将重点放在最重要的事项上面。

BSC的风险涉及如何识别和整合战略目标之间存在的恰当的因果关系。每个战略目标都获得了少数几个关键衡量指标的支持，然后在整个组织的范围内，将KPI指标层层推进落实。KPI最终向下延伸到OPI，员工可以更为轻松地将OPI与自身关联起来并施加直接影响。OPI通常显示在仪表盘中。但请记住，战略目标显示在战略地图之中，而不是BSC中。BSC中的KPI反映了战略地图中的战略目标。

战略地图及相关BSC的主要任务是将管理人员和员工的工作及优先事项与多个相互关联的战略目标协调起来，如果能够做到这一点，战略将得以实现。这种关联在方针管理Ⅱ级矩阵中得到体现。随后，这将引导组织推进到游戏的终局，也就是实现组织的目标。

出色的战略地图、BSC和关联系统让员工团队能够开展内部沟通并采取行动，而不是通过高管人员的监督,以指挥和控制的形式加以推进。对员工的 KPI 绩效进行微观管理的高管团队也可能给组织的发展带来不利影响。如果战略地图及层叠的 KPI 和 OPI 选择工作得到了很好的执行和维护,那么,高管层只需要查看他们自己的得分表现,与下级员工团队分享他们的结果,指导团队改善 KPI 和 OPI 得分和(或)考虑替换或删除现有 KPI 或 OPI。

(一)选择 KPI

当组织实施 BSC 时,人们如何弄清其衡量指标——KPI 是否能够支持高管团队的战略意图?所选定的衡量指标是否是恰当指标?或者这些衡量指标是否是组织能够并且一直在衡量的内容,而不是组织应该衡量的内容?BSC 是否仅仅是为了更好地监控表盘而不是推动员工采取所需行动以改变表盘?

在企业和公司绩效管理(EPM/CPM)框架中,各种 EPM/CPM 方法所得出的结果信息应该回答以下三个问题:是什么?这意味着什么?接下来该怎么做?在大多数情况下,BSC 只回答了第一个问题。更为糟糕的情况是,在回答"是什么"时,BSC 的关注重点甚至没有放在相关事项上。对于组织而言,确定衡量哪些 KPI 是一项棘手的工作。用于确定 KPI 的一种技术是审视战略地图的每个战略目标并提出问题,即"哪两个或三个指标可以监控战略目标的进展情况?"

以图形格式监控 KPI 以识别转变、趋势和周期,这样做非常有用,有助于确定下一步行动。福里斯特·布雷弗格(Forrest Breyfogle)所写的 *Business Deployment Vol. Ⅱ: A Leaders' Guide for Going Beyond Lean Six Sigma and the Balanced Scorecard* 一书详细阐述了一种方法,说明了如何分解 KPI 并以预测方式加以管理。[①]

在讨论 KPI 时,企业有时会走上极端。PowerPoint 演示文稿长篇大论,而高管层却没有时间进行阅读,这种情况并不少见。在看完前面 15~20 页内容之后,团队就无法继续阅读下去了。团队利用第二层和第三层 KPI 来开发第一层 KPI,这样做并不能真正为企业创造价值:它们只是(再次)验证已知内容。所有这些努力的价值何在?在开展这些分析的同时,用于真正解决问题的资源时间可能会受到限制。组织应将精益原则同样应用于指标和 KPI。

---

① Forrest Breyfogle, *Integrated Enterprise Excellence*, Vol. Ⅱ: *Business Deployment: A Leaders' Guide for Going Beyond Lean Six Sigma and the Balanced Scorecard*, Bridgeway Books, 2008.

（二）KPI 制定建议

方针管理的右侧确定了组织的 KPI。对于如何制定这些指标，组织可以采用不同的方法。如上文所述，将先行指标和滞后指标结合起来，有助于加强前端控制，后面的事项就自然而然得到控制。图 A3－1 建议了一些可以纳入 KPI 图表的组件。

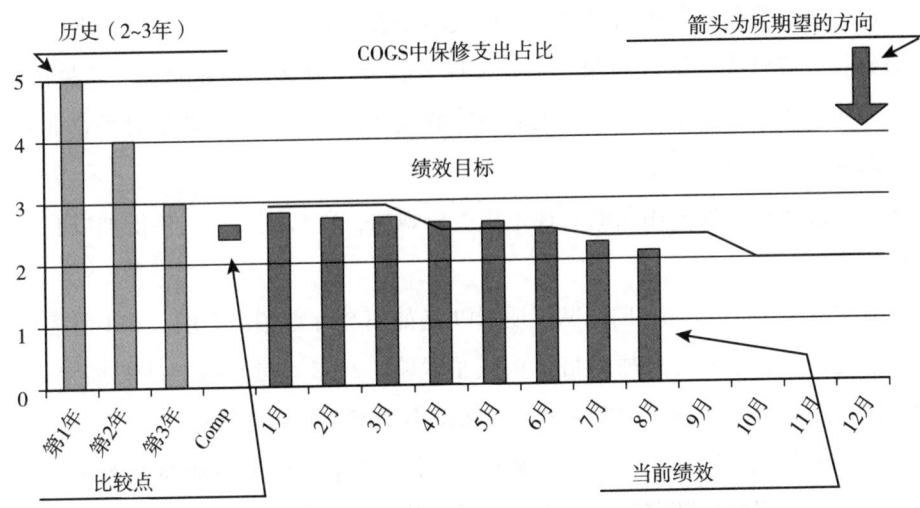

图 A3－1 COGS 中保修支出占比的 KPI 图形格式样本

（1）应该提供某种形式的历史信息（如果有的话）以对整体绩效加以介绍和说明。由于系统和指标定义会随着时间而发生变化，通行的做法是提供三年时间范围内的历史信息。在申请一般绩效奖励时，这段历史通常被视为可持续发展证据的一部分。

（2）如果切实可行，则应该提供比较点（POC）。POC 可以作为基准参考，但如果对于所衡量的特征而言，它不是真正的最佳参考，那么就不应该与基准参考混淆起来。POC 可以提供更大的灵活性，可以对以下任何来源或"级别"的数据加以比较：国际、国家、州、城市、行业、竞争对手、公司之间、部门之间，等等。总的意图是与另一个实体进行客观比较，以了解组织所处的位置。POC 可以通过以下两种方式发挥作用：

①如果通过比较，发现团队的表现不尽如人意，POC 可以提供激励和清晰的说明，帮助团队达到比较水平；如果其他人能够做到这一点，他们也可以做到。此处提供了一

个真实示例，团队所取得的绩效是保修支出在 COGS 中的占比从 5% 降到 4%，即同比减少了 20%，这让团队感到骄傲和自豪。如果没有有效的比较，团队可能会感觉保修支出确实已达到了新低。然而，当面对比较所反映的现实时，团队能够迅速调整其过滤器并从不同的角度来看待问题。从第 2 年到第 3 年，团队让保修支出再次减少了 25%。然而，这依然不够。团队具有足够的动力，他们知道为了重拾竞争地位，还可以想办法实现这一点。

然而，在这个例子中，真正的挑战是客户在第 2 年向企业提供了竞争对手的结果数据。客户强行要求降价，其理由是结合保修成本来看，企业的定价过高。企业的选择是放弃这部分收入或解决其绩效问题。企业选择了后者。最终，企业的表现超越了基准，并向客户证明，可以恢复部分定价。人们只能假设客户可能会告知竞争对手企业新的业绩水平，以期进一步降低成本。

②如果通过比较，发现团队的表现是积极乐观的，POC 则可以提供能加以利用的销售或营销优势。

（3）需要确定绩效目标，向团队说明 KPI 是如何与计划相契合的。KPI 监控综合战略目标的推进情况，这些综合战略目标构成了战略，且最好是从战略地图推导得出的。随着阶段性目标的不断实现，KPI 目标可以保持不变或以阶梯式推进。

（4）可以在滚动 12 个月（过去连续 12 个月）或年初至今的基础上来追踪 KPI 当前的表现。我们的想法是随着时间的流逝，观察流程的整体行为。

（5）箭头指明所期望的方向，这有助于审核人员了解绩效意图。需要哪种方向？向上或向下？

（三）KPI 管理建议

在领导层级上解读图表时会遇到一些挑战：

（1）这些数据通常按月收集；在"高检查"频率下，组织通常无需获得"数百个"数据点来评估绩效。这是使用先行指标的另一个好处所在。

（2）人们倾向于"过度描述"流程的业绩特征。超过平均水平两个点就可能被误认为"趋势"。高出"其余部分"一个点就可能被标记为"峰值"。

（3）最为关键的是，许多此类 KPI 通常不会呈正态分布。根据 KPI 的类型，组织通常希望它呈现出策略上的向上或向下趋势（或转变）。组织可能认为利润、收入或市场份额保持永远上升势头是一件好事。在零值位置，保持百万分之一（PPM）的平坦形态也是非常理想的。

通过应用休哈特（Shewart）的一些基本控制原则，组织可以对 KPI 绩效做出不太保守的解释，让人们能够更多地专注于减少那些引发差异的根本原因。[①]

根据休哈特的观点，如果出现"连续高于或低于平均水平的 8 个点"的情况，则表明已经发生了转变（见图 A3 - 2）。根据所处的具体环境，还可引用 5 个点、6 个点或 7 个点作为参考。不过，最为重要的一点是连续高于或低于平均水平的"2 个点或 3 个点"是不会形成趋势的。我们可以这样想：对于正常流程而言，其高于平均值或低于平均值的概率是相等的——这与掷硬币同理。连续掷两次硬币，其结果很有可能是连续两次面朝上或者面朝下。若再继续掷硬币的话，硬币每次都面朝上或面朝下的概率将急剧下降。当第 5 次、6 次、7 次或 8 次掷硬币时，硬币可能仍然会继续面朝上或面朝下，但其概率已接近于零。这不太常见，此时，你的眼睛就会紧紧盯牢那枚硬币。从解释流程变化的角度来看，除非出现连续高于或低于平均水平的 5 个到 8 个点，否则，确实谈不上任何转变。

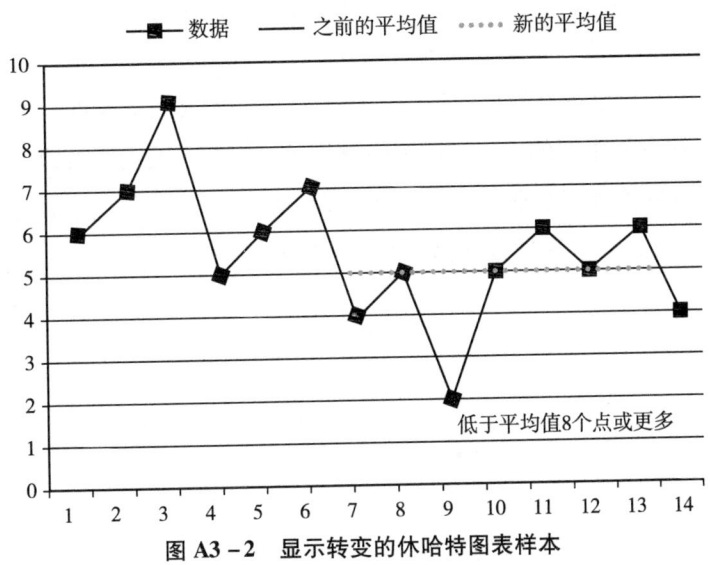

图 A3 - 2　显示转变的休哈特图表样本

趋势行为方面也存在类似观点。增加或减少 2 个或 3 个点不会形成趋势。若想确认为趋势，则需要流程在同一方向上连续增加或减少 6 个点或更高（见图 A3 - 3）。

---

① AT&T, *AT&T's Statistical Quality Control Handbook*, 1985.

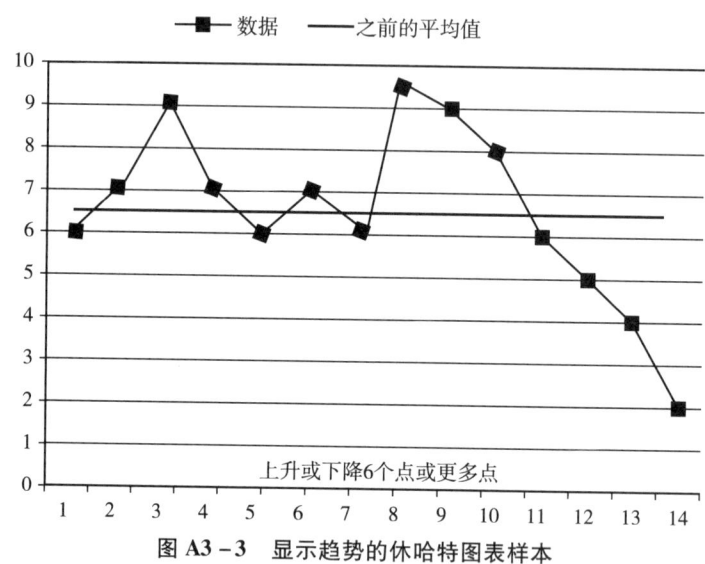

图 A3-3 显示趋势的休哈特图表样本

如果经过验证，发现存在一些特殊情况，可能导致指标出现某种情形，那么，可以考虑从数据集中删除这种绩效"峰值"。如果没有发现任何特殊原因，那么，这一超高值或超低值可能只是该流程正常变动的一部分。

总而言之，KPI 可以更好地反映组织的绩效状况并形成问责制度。但太多的 KPI 则会造成浪费，无法利用组织的人力资源来执行修正，因此应确定所需的关键先行 KPI 和滞后 KPI。利用方针管理将企业战略的 KPI 与策略联系起来，并且紧盯为数不多的关键 KPI。通过内省的方式来审视过渡过程，使其更具效率。

评论

战略向左，绩效不会向右
——评《通过战略协同，实现卓越业绩：利用方针管理将精益生产措施与商业战略联系起来》

王纪平

本篇公告是 IMA 已经公开发布的两篇关于"精益生产"的管理会计公告《精益企业会计：会计模式的重大转变》和《精益企业基础》的深化和扩展，强烈建议您在阅读本报告之前先行阅读上述两篇公告，以便更好地理解和运用本报告内容。

一、新颖的方针管理

本篇公告提出了一个非常新颖的概念——方针管理。根据百度百科的定义：方针管理（Hoshin Kanri）是一种针对企业整体管理的方法。Hoshin Kanri 乃日文方针管理的意思，Hoshin 在日语中本义是"闪亮的金属指针"，引申为方针、政策、计划、目的等；Kanri 则是管理和控制的意思。Hoshin 和 Kanri 组合在一起，在日语中有调校罗盘、核准指针的寓意。在管理实践中，Hoshin Kanri 亦被称为政策展开（policy deployment）或方针规划（hoshin planning）。日本科学技术联盟对方针管理的定义是指"根据企业经营方针，制订短期经营方针或中长期经营规划，为使其有效率的达成，协调企业组织全体的活动"。另外，方针管理还指为有效利用有限资源，在以中长期规划为基准制订年度计划时，明确年度重点实施项目，防止碎片式发展。方针管理为企业战略落地提供了可操作的应用工具。

本篇公告展示了一个简化概念，即"组织的高管团队所制定的战略如何与职能部门的举措关联起来"。方针管理将战略意图通过可视化的方针管理矩阵实施，该矩阵试图回答三个策略问题：

（1）我们所开展的哪些工作需要改进？

（2）我们期望提供的新产品/新流程是什么？

（3）我们如何发展技能以实现上述两个问题所提出的目标？

公告为了说明方针管理的具体应用，列举了一个简化示例，以说明如何协调组织的QLMS（质量/精益生产管理系统）职能。为了理解方针管理，首先让我们简要回顾一下什么是QLMS。

本篇公告在精益生产（Lean）的基础上提出了一个全新的概念："质量/精益生产管理系统（QLMS）"。公告指出，"一个充满活力的、积极有效的质量/精益生产管理系统可以识别降低产品和流程成本的机会，提高竞争力和盈利能力；实现产品和流程的改进，让企业有利可图并实现发展；维护和发展实务操作及系统，以满足产品和流程的要求并降低风险。"了解这个概念需要回顾一下什么是精益生产。

追根溯源，精益生产源于丰田汽车的那段成功史，而丰田的成功则归功于丰田生产方式（Toyota Production System，TPS）。大野耐一先生创立丰田生产方式的初衷，是期望建立一个快速流动的系统，以决定何时不生产，"我们所做的一切就是关注从客户提出订单的那一刻到我们收到付款的整个时间进度，并且通过减少非增值部分的浪费来缩短这个时间进度"。

詹姆士·P. 沃麦克、丹尼·T. 琼斯和丹尼·罗斯于1990年出版的《改变世界的机器》，讲述了丰田汽车公司所采用的TPS变革，并对TPS进行了理论的梳理和观念的总结。作者认为该方法使丰田公司成为世界上效率最高的，当然，质量也是最超群的汽车制造厂之一。随着精益生产实践的不断深入，精益生产理论不断丰富和完善。一般认为，精益生产的三大基石是零缺陷、JIT（适时生产）和自动化。也有实务界人士表述为"正确的产品，以正确的数量出现在正确的地方"。如何做到这一点呢？精益生产理论包含一套工具和方法，包括绘制价值流程图、流程改进、消除浪费、均衡生产、看板管理、拉动式生产等，已经形成了以区别作业的增值与不增值的部分，通过消除不增值的部分，如动作、库存、时间、业务流程来降低成本，缩短交货期。

也有人认为精益生产的目标是减少人工浪费、减少库存、缩短产品进入市场的时间，要求运用最有效和最经济的方式，在高度响应顾客需求的同时生产优质的产品。

本篇公告示例的方针管理矩阵的二级矩阵QLMS通过四个维度表现其全貌。可以看出，这四个维度是层层递进、不断细化的。第一个维度从需要做到最好的目标开始，明确高管团队制定战略的责任。第二个维度列举为实现战略的顶级举措，也就是需要优先实现的事项，如流程控制、客户满意度等。这些举措建议必须经过高管层批准。第三个维度是为了落实举措的二级策略，如开展客户满意度调查等。第四个维度是为衡量改进工作设定现行和滞后 KPI 并与平衡计分卡（BSC）绑定。而相邻两个维度的措施/策略/任务/指标之间的责任/问责，及其咨询/支持关系也非常明确地表示出来。

明确责权是方针管理的一大特点。通过明确高管团队、管理人员和一般员工各自应该负责什么、KPI 得分等细节，确保组织清楚地了解战略、举措和策略之间的联系，并争取获得组织各个层面的支持。在将战略目标层层分解落实的过程中需要上下级之间的沟通和交流，而利用 BSC 这种战略规划工具，方针管理实现了战略绩效落地过程中必须的"社交工具"的支持。

二、战略向左，绩效向右？

正如本篇公告的副标题"利用方针管理将精益生产措施与商业战略联系起来"所指出的那样，精益的举措必须与业务战略有机结合起来，避免发生战略向左、绩效向右的不利局面。如果领导团队未能让员工了解"战略是什么以及制定理由是什么"，那么，他们就可能面临一种风险：员工队伍中的迷茫和困惑可能持续下去，甚至于领导团队自身也可能陷入困惑。

战略和绩效脱节的现象在当今企业实践中比比皆是，即便是我国互联网巨头也是如此。2016 年 5 月 10 日，某互联网公司创始人、董事长兼首席执行官在公司内部发布了以"勿忘初心，不负梦想"为题的邮件，对当时的"×××事件"舆论危机进行复盘。在邮件中，其直言不讳地指出："不同部门为了 KPI 分配而争吵不休，会看到一些高级工程师在平衡商业利益和用户体验之间纠结甚至妥协。因为从管理层到员工对短期 KPI 的追逐，我们的价值观被挤压变形了，业绩增长凌驾于用户体验，简单经营替代了简单可依赖，我们与用户渐行渐远，我们与创业初期坚守的使命和价值观渐行渐远。如果失去了用户的支持，失去了对价值观的坚守，××离破产就真的只有 30 天！"这封信坦率地公开了该公司内部战略方向和 KPI 考量之间的严重扭曲，该公司的问题在于战略地图绘制不够细致还是战略沟通不够清晰？无论如何，方针管理都是一剂良药，为解决这一问题提供了一个比较成熟的框架和工具。

本篇公告指出，BSC 就是为了解决管理层将过多的注意力放在事后的短期财务结果之上而忽视了那些与客户、内部流程、员工创新、学习和成长等相关的非财务运营指标。业界越来越清楚地认识到通过战略制图过程，组织认识到 BSC 的成功与否取决于是否成功地辨识了组织为数不多的几个至关重要的 KPI。公告强调，"如果高管团队未能首先弄清所希望的组织前进方向，那么，他们就很难将为数不多的重要衡量指标与诸多无关紧要的衡量指标区分开来"。

公告用 GPS 导航来比喻战略地图的调整，指出"战略永远不是静态的，而是不断进行调整的"这一事实。目的地不断地发生变化就要求路线规划也要相应做出调整。这个比喻形象地说明组织战略目标和流程、举措之间的关系。如何保证战略调整过程中员工思想不掉队，永远跟着战略的指挥棒走？要实现这一目标的有效方法之一就是方针管理。

公告还提供了 3 个附录，分别说明了在整个企业中实现将精益生产与战略结合起来的益处、实施精益生产的程序和风险、如何设定 KPI。

三、总结与启示

综上所述，本篇公告提出的方针管理，通过矩阵形式的工具将战略实现和精益生产管理紧密结合，逻辑严密地将战略重点演变成可操作的举措，通过匹配相应的策略落实上述举措，同时以 KPI 来衡量战略实施效果的质量/精益生产管理系统为企业战略管理和绩效管理提升指明了路径。公告是对战略地图、精益生产、平衡计分卡等管理会计工具的综合应用，无论从理念的先进性、工具的实用性、流程的可操作性，还是对管理会计工具利用的整体性，都显示出了对企业管理会计实践的指导价值和文献研究价值。

战略风险管理：
优化风险-收益状况

关于作者

詹姆斯·林（James Lam）在2002年创建了风险管理咨询公司——James Lam & Associates 并担任总裁。他曾与结构复杂的大型组织的董事及高管合作，其中包括金融机构、能源企业、跨国公司、监管机构和非营利组织。《欧洲货币》（*Euromoney*）杂志一项调查显示，詹姆斯·林被客户和同行提名为世界顶尖的风险咨询顾问之一。

一、执 行 摘 要

身为董事会或高管团队的一员,你最应该关注哪些风险?

近期的财经头条新闻关注了美联储的利率政策、中国经济下滑、石油价格下跌、中东动荡不安的局势、国际和美国国内的恐怖主义以及网络安全问题。在《2016年全球风险报告》(*Global Risks Report 2016*)中,世界经济论坛确定了5个波及全球的潜在影响力最大的风险:

(1) 未能减缓和适应气候变化;

(2) 大规模杀伤性武器;

(3) 水资源危机;

(4) 大规模非自愿移民;

(5) 剧烈的能源价格震荡。

身为董事会成员或经理,你在风险监督或风险管理方面所做的工作是根据上述宏观风险的相互作用以及你所在行业和所采用商业模式的特有风险,来审视这些宏观风险,而更为重要的是,优化所在公司的"风险-收益"状况。

一直以来,风险的性质、水平和发展速度都在发生着变化。未来,这种变化趋势将继续延续。而战略风险始终是风险管理的前沿问题。战略为组织提供了实现其核心使命、增加重要利益相关者(如客户、员工、股东、监管机构等)价值的整体规划。战略风险可能源于战略的制定和执行过程,包括:

(1) 设计和制定公司战略,其中包括与组织的核心使命、业务单元战略及经营预算保持一致;

(2) 执行公司和业务单元战略,以实现重要的组织目标;

(3) 针对客户、供应商、竞争对手以及新兴技术的影响采取措施、做出响应;

(4) 执行公司和业务单元战略所产生的风险(分为战略风险、营运风险和财务风险),包括利用风险偏好和风险容量。[①]

本公告为董事会成员、公司高管及风险、合规、财务和审计等领域的专业人士提供了整套指南、最佳实践以及实践范例,帮助他们评估和管理战略风险。在本公告中,我

---

① James Lam, *Implementing an Effective Risk Appetite*, SMA, August 2015.

们讨论了：

（1）战略风险的重要性——尤其是在战略计划的失败率通常非常高的情况下，且实证研究表明，战略风险的影响程度超过了其他所有类型风险总的影响程度；

（2）使用经济资本、股东价值增加值和其他基于风险的绩效指标来衡量战略风险；

（3）通过战略规划、风险偏好、开发新业务、并购以及资本管理流程来管理战略风险；

（4）持续不断地监管和反馈，包括整合关键绩效指标、重要风险指标、绩效反馈循环机制，为董事会和管理层的监管活动提供支持。

二、战略风险的重要性

董事会和高管层最为重要的职责之一（或许就是最重要的职责）就是设定公司战略方向，以期实现股东价值最大化。为实现这一目标，高管层必须能够就重要趋势和未来机会做出预测。当然，无论你如何自信满满，未来都是不可预知的。换言之，战略都是包含风险的。在本公告中，我们回顾了过去几十年时间里，战略风险管理实践是如何随着企业风险管理（ERM）的逐步成熟而发展的。我们审视了风险分析及管理在风险规划中的作用。此外，我们提供了如何连续准确地衡量、管理以及监测战略风险的方法。与此同时，我们还提供了数个耳熟能详的跨国公司案例并对这些公司如何管理战略风险进行了分析。

高管在确定战略重点时都将面临艰巨的任务。从本质上来说，每一项决策都是以公司可用资源作为赌注就宏观经济、行业以及市场趋势做出的明智预测。高管一方面豪赌公司的核心竞争力以及其发现增长领域的能力，另一方面还要避免公司陷入或明或暗的陷阱。管理层和董事会愿意下多大的赌注取决于组织的规模和成熟度，以及公司在面对风险和机会时所具有的能力。赌赢了能够增加股东的价值，考虑不周或赌输了就会减少股东价值，最坏的情况是公司完全分崩离析。

（一）战略决策具有非常高的失败率

虽然很难获得可靠的统计数据，但是许多战略计划都不及预期，这已经不是什么秘密了。虽然70%的失败率经常被大提特提并且被管理界普遍认同，但缺乏实证支持,① 然而高成功率仍然属于例外而不是普遍现象。2008 年,变革管理领域的顶尖专家约翰·科特(John Kotter)归纳总结了他的经验:②

  根据多年的研究,在各种必要的变革中,我估计现在有超过 70% 的变革压根就未能得到启动;即便有人清楚地认识到了变革需求,变革也未能完成;抑或即便投入了极大的精力或超过了预算,最初的设想还是没能实现。

  无论战略计划的真正失败率有多高,公司都会在一定程度上通过采取各种激励措施来增加战略目标实现的可能性,进而提升业绩。

  战略风险具有不同的形式。一种风险就是一味追寻错误的战略,如新产品投资过度或寻求不合适的兼并对象。即便制定了正确的战略,未能有效地执行战略又是另一种风险。此外,还有一种风险是未对重要的市场趋势做出响应。消费趋势和新兴技术等外部因素会使现有战略不再有效或过时,在移动设备取代桌面电脑(而桌面电脑取代了大型主机)的时代,这种风险愈发常见。在这些情况中,站在科技革命的对立面将会造成非常大的价值损失。但如果你是一个颠覆者,你就可以实实在在地利用相同的机会创造出极大的价值。最后,战略执行会影响公司的整体风险状况,包括第二级战略风险、营运风险以及财务风险。所有这些风险都应视为 ERM 的组成部分。

  忽视战略风险的公司将自食其果。针对大型上市公司的独立研究一再表明,公司市值大幅下降,60% 左右要归结于战略风险,而营运风险和财务风险分别占比 30% 和 10%。③ 在实务中,许多 ERM 程序都不重视战略风险,甚至完全忽视。导致这种状况是有历史原因的。在 20 世纪 90 年代初,各家公司开始制定正式的 ERM 程序。由于金融衍生产品造成的损失人尽皆知,而且能够更为容易地定量计量财务风险(如利率风险、市场风险、信用和交易对手风险、流动性风险等),所以各大公司几乎只关注财务风险。

  20 世纪 90 年代中期,因金融企业开展未获授权交易而引发的数起业务灾难使得人们将注意力转移到营运风险上,虽然这些风险很难计量。营运风险的计量难度在于运营差错的性质,它们大多数都是常见差错,对财务的影响不大。在罕见的情况下,一旦营运控制失效,结果将是灾难性的——不仅仅只是针对银行。一个例子就是 2010 年"深水地平线"(Deepwater Horizon)钻井平台原油泄露灾难。除了漂浮原油本身的破坏和

---

① Mark Hughes, "Do 70 Per Cent of All Organizational Change Initiatives Really Fail?" *Journal of Change Management*, November 2011, pp. 451–464.
② John Kotter, "A Sense of Urgency," *Harvard Business Review*, September 3, 2008.
③ James Lam, *Enterprise Risk Management: From Incentives to Controls*, Second Edition, Wiley 2014, pp. 434–436.

影响外,英国石油公司(British Petroleum)、瑞士越洋钻探公司(Transocean)和哈利伯顿公司(Halliburton)还蒙受了巨额的经济和声誉损失。

但如果 ERM 的目标是帮助管理层对重要风险进行识别、排序和管理,那么 ERM 程序就应该给予战略风险最高的优先等级,随后才是营运风险,现如今在 ERM 中占据主导地位的财务风险只能排在第三位。

(二) 什么是战略风险

战略风险是指能够影响到公司经营战略、战略目标以及战略执行的风险或是以上三者的固有风险,包括:

(1) 消费者需求;
(2) 法律和监管变化;
(3) 竞争压力;
(4) 并购整合;
(5) 技术变革;
(6) 高管层更替;
(7) 利益相关者施压。

根据商业性质的不同,公司可能还具有其他特别的风险。欧洲巨无霸西门子公司董事会在定义战略风险时就持这种观点:"(风险是指)会对我们实现战略目标产生潜在重大影响的每件事物、每个干扰以及每个问题。"[1]

区分营运风险和战略风险是非常重要的。如果消费者不再需要公司的产品,那么即便是拥有无与伦比的制造工艺,这个公司也会走向灭亡。当亨利·福特在 1908 年推出 T 型车时,无论是否意识到了威胁,即便最有效率的马鞭生产商也面临着生存威胁。而近年来,随着第一代 iPhone 的发布,苹果颠覆了蜂窝手机制造商的竞争格局。良好的营运意味着正确地做事情,良好的战略意味着做正确的事情。公司要想成功必须在不确定的情况下(风险管理)实现上述两个条件。

对任何公司来说,战略风险的识别和管理能力是其不断获得成功的关键。本公告阐述了如何在规划流程中考虑战略风险、如何利用经济资本和风险调整资本收益率来衡量这些风险以及如何在实践中应用这些成果。

---

[1] Deloitte, *Exploring Strategic Risk*, 2013.

三、衡量战略风险

业界曾经只能采用定性描述方法来衡量战略风险。但现在，用于衡量财务风险的最新指标——经济资本和风险调整资本收益率（RAROC），也可用于衡量营运和战略风险。这为战略风险管理铺平了道路，战略风险管理已经成为风险控制和管理挑战的另一个前沿领域，是 ERM 实践者最为关注的对象。

为了评估风险管理的有效性，组织必须首先确定战略成功执行的衡量指标，例如产品创新、企业收益、股权回报和股东价值。下一步是识别和评估关键战略风险，这可能包括监管机构的批准、产品定价、销售效果以及市场份额。如果整体战略意味着提高衡量成功指标的预期价值，那么战略风险可能会给相同的衡量指标带来变数，让其变得更好或更坏。

（一）经济资本

风险识别和评估是第一步，但是一家公司必须在管理风险之前衡量这些风险。无论是对哪种风险进行量化，经济资本都是常见的衡量手段，所以它是现有的最佳指标之一。

不论身处哪个行业，企业持有资本都出于两个主要原因：（1）为持续进行的营运和投资活动提供资金；（2）为企业提供保护，免受意外损失的拖累。账面资本是一项会计衡量指标，表明投入资本和留存收益的总额，而经济资本不同于账面资本，代表的是消化意外损失所需要的资金数量。下面用一个简单的例子来说明账面资本和经济资本的差异：由于外汇风险或营运风险不断增加，公司的风险敞口也随之增加，但账面资本并没有同步增加。只有当公司发生了真正的损失，留存收益发生了实际变化之后，账面资本才会逐渐反映这一变化。而风险敞口一旦增加，经济资本需求就会立刻随之增加。

鉴于二者有所不同，比较账面资本和经济资本对于确定资本充足率非常有用。如果公司的账面资本高于经济资本，那么该公司就存在资本过剩的情况，反之，则存在资本不足的情况。此外，还有一个重要的差别需要注意，账面资本是反映过去业绩的财务指标，而经济资本是反映未来业绩的前瞻性指标。战略风险以及其他所有重要风险都关乎企业未来。计算经济资本的基本步骤包括：

（1）针对公司整体制定偿债能力标准，并在目标债务评级中予以反映。

（2）基于基本风险敞口和偿债能力标准，衡量各个风险所需的经济资本。

（3）汇总所有单个风险的经济资本，考虑风险之间的关联效应。

偿债能力标准是一个组织期望获得的信誉度，能够从其目标债务评级推算出来。例如，一个机构的目标偿债能力标准是债务偿还率达到99.9%，这表明该机构1000年才会出现1次不能偿还债务的情况。一般来说，债务评级机构会将这个机构的债务等级评为"A"级。

更高的偿债能力标准意味着在风险程度给定的情况下，机构需拥有更多的经济资本。换言之，机构承受的风险越多，就需要拥有更多的财务资源来维持特定的偿债能力标准。罗伯特·默顿（Robert Merton）的违约模型是一个将公司需持有的资本数量与特定风险水平挂钩的广为接受的理论框架。该模型表明，当公司的权益价值（如净资产）为负时，公司股东拥有并将行使不向债权人偿还债务的权利。债权人在向股东提供资金时，是按照无风险利率再加违约风险补偿收取利息的。违约的可能性是公司净资产价值的现有水平和潜在变化（概率分布）的函数。

组织的经济资本通常是"自下而上"计算的。也就是说，先计算各种类型风险的经济资本，再进行汇总，然后考虑多样化的影响，得出整个企业的经济资本总额。此外，在确定企业价值时，经济资本也使用相同的方法和假设。

就战略风险而言，计算是具有前瞻性的：例如，支持新产品发布、潜在并购或应对预期竞争压力所需的资本。基本流程包括：

（1）根据风险源头的不同，形成企业价值变动的独立分布。

（2）汇总各项独立分布，考虑多样化的影响。

（3）根据汇总的分布，计算期望的目标偿债能力标准所需的经济资本总额。

（4）根据风险数量，将经济资本分配给每一个风险。

（二）风险调整资本收益率

用各个战略计划的预期税后收益除以经济资本，由此得出风险调整资本收益率（RAROC）。如果RAROC超过了公司的资本成本（或权益资本成本，K_e），那么战略计划就是可行的，能够增加公司的价值；如果RAROC低于公司的资本成本（或权益资本成本），那么就会破坏公司的价值。但是做出是否支持某个战略计划的决策不能仅仅依靠反映预期价值的单一情形。公司应该在多种情境中进行数据运算,观察在较好情况、较坏情况或是一段时间内好坏情况并存的情况下,运算结果的分布状况。最终决策还是要依赖于公司的特定风险偏好。

组织可以计算整体的 RAROC,也可以根据每项业务活动分别计算 RAROC。支持企业每项业务活动所需的经济资本数量与活动所产生的风险成正比关系,所以经济资本可以用作风险的衡量标准。将支撑业务活动相关风险所需的经济资本与业务活动的预期经济收益结合起来,就能够形成一个比率,反映组织期望从单位风险上获得的收益数量,即:

$$RAROC = 风险调整后的收益/经济资本$$

风险调整后的收益要么是净收入,要么是预期收益。使用净收入的 RAROC 反映了真实的利润率,而使用预期收益的 RAROC 衡量的是标准利润率。由于在计算收益时常常使用的是预期损失,而不是实际损失,所以将 RAROC 应用于信用风险相关活动时尤其具有相关性。

RAROC 主要用于比较不同的以及可能相当多样化的战略决策的风险—收益权衡。经济资本/RAROC 分析适用于内生增长计划和潜在并购。例如,拥有多余资本的公司能够确定回购股份、推动核心业务增长抑或实施战略兼并才是最符合股东利益的。我们在下文还将进一步探究并购决策。

(三) 风险、经济资本以及价值创造三者之间的重要关联

让我们看一下企业整体风险、经济资本以及股东价值是如何联系在一起的。回想一下,经济资本的定义是能够充分覆盖公司面临的风险(通常也称为风险概况)所需的资本水平。公司承担的风险越多,就需要更多的经济资本来覆盖这些风险。反过来,经济资本又会通过资本收益来影响股东价值。

因此,用 RAROC 表示的价值为:

$$M/B = (RAROC - g)/(K_e - g)$$

其中,M = 市场价值,B = 账面价值,K_e = 权益资本成本,g = 年收益增长率。

图 1 显示了公司的价值驱动因素(例如收入、费用和增长战略)之间的相互影响以及 ERM 是如何影响每一个价值驱动因素的。

除了经济资本和 RAROC 之外,公司还要采用其他的方法来衡量和管理战略风险,例如以风险调整折现率计算的净现值(NPV)或经济增加值(EVA®)模型。经济资本和 RAROC 模型的优点体现在分析结果是与收益、资本管理和股东价值最大化直接相关的。

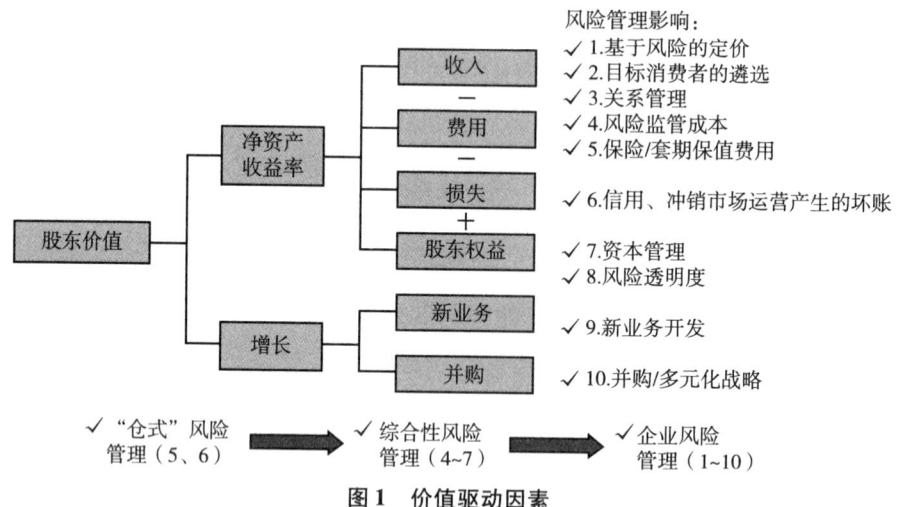

图1 价值驱动因素

在接下来的部分,我们将讨论几个例子,探讨战略风险管理中的价值驱动因素是如何增加股东价值的。

四、战略风险管理

战略风险管理解决的问题是公司应采用怎样的具体决策和措施才能使公司的长期风险—收益状况实现最优。关键决策点包括:

(1)风险接受或规避:组织能够通过内生增长、核心业务(开发新产品和新业务)、并购和财务活动来决定增加或减少特定的风险敞口。

(2)基于风险的定价:任何组织只要开展业务,都要承担风险,但它们只有通过对产品和(或)服务进行定价这一环节才能从所承担的风险上获得补偿,此时应该全面考虑风险成本。

(3)风险缓解:这包括实施业务和风险控制战略,以便在既定的风险承受水平范围内对风险进行管理。

(4)风险转移:如果风险敞口过大以及(或)风险转移成本低于风险保有成本,组织可以通过保险或资本市场,实施风险转移战略。①

---

① 例如,收购人可以购买保险和(或)发行灾难债券来降低潜在收购中蕴含的不良风险(产品责任问题、自然灾害、多重事件或触发事件)。

（5）资源分配：组织可以将人力资源和财务资源分配给能够产生最高风险调整回报的业务活动，以便实现公司价值最大化。

风险管理是一个持续不断的过程，战略风险也不例外。虽然各个公司需要面对各自特殊的挑战，但监控战略风险能够让公司获得重要预警信息，以便了解即将出现的阻碍。这为公司提供了最大可能的灵活性，当阻碍因素真正出现之际，通过调整战略或战术来缓解下行风险或充分利用出乎意料的机会。

五、防御模型的三道防线

深入了解组织可以做出的常规决策选择，这一点非常重要。而在实践中，风险管理决策是由一个特定的委员会、部门或个人做出的。决策者可以是董事会、公司管理层或者业务和职能部门。图2简要说明了基于防御模型三道防线做出的关键风险管理决策。

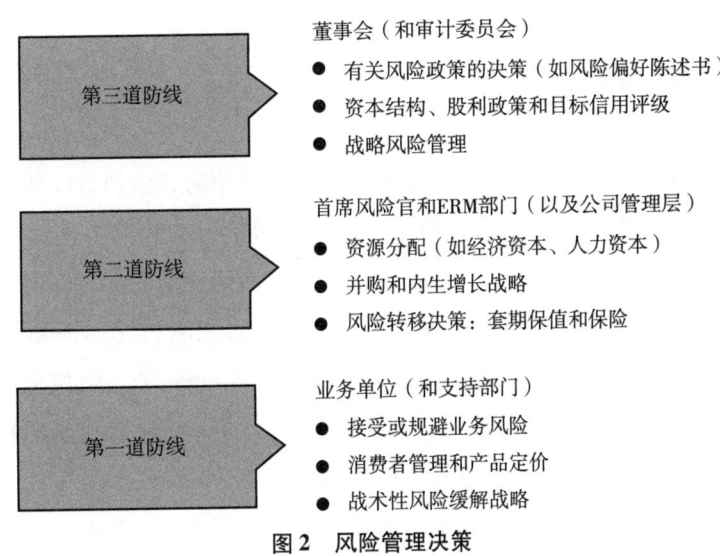

图2　风险管理决策

在战略风险管理方面，这三道防线的作用和职责分别是：

（1）业务单位和支持部门：业务单位和支持部门（如信息技术或人力资源）是首道防线，它们根据战略计划最终负责业务单元战略和支持活动的实施。为了实现业务目标，它们必须承担与组织风险偏好相一致的风险。关键的业务和风险管理决策包括接受或规避日常业务活动和营运中蕴藏的风险，建立基于风险的产品定价机制，管理消费者关系，实施战术性风险缓解战略和响应风险事件的应急计划。

（2）公司管理层：在ERM和合规部门的支持下，公司管理层代表了第二道防线。他们的职责是制定和实施风险及合规计划，包括风险政策和标准、风险偏好和容忍度、董事会和管理层报告流程。这道防线负责监测和监督不断变化的战略风险。关键的业务和风险管理决策包括将财务和人力资本资源分配给能够产生最高风险调整利润的业务活动，实施内生和（或）收购增长战略以及旨在降低过大或不经济的风险敞口的风险转移战略。

（3）董事会。在审计部门的支持下，董事会代表了第三道防线。其负责确定董事会的风险治理架构和监管流程，审查、质疑和批准风险政策，监督战略的制定和执行，监督管理层薪酬计划。这道防线负责定期审查和确保风险管理的有效性。重要的业务和风险管理决策包括质疑和批准业务战略，确定风险偏好陈述和风险承受度水平，审查和批准管理层有关资本结构、股利政策以及目标债务评级的建议，审查和批准重大投资和交易。

（一）战略规划和审查

战略风险管理流程的起始点是战略规划。在制定战略时，公司可以从数种管理框架中进行选择。公司可在一开始分析自身的优势、劣势、机会和威胁（SWOT），以确定新计划的关键所在。之后，许多公司转而使用卡普兰和诺顿的平衡计分卡，从不同的方面来对每个计划进行评估，包括消费者、内部流程、组织能力（知识和创新）以及财务业绩。而另外一些公司则对迈克尔·波特（Michael Porter）的五力模型青睐有加，该模型从供应商的议价能力、购买者的议价能力、同业竞争程度、替代品的威胁以及新进入者的威胁五个方面分析了它们对新计划的影响。

这些流行的战略规划工具为规划流程提供了结构，但风险专业人士早已认识到这些规划工具存在的一个重大缺陷：它们都没有充分考虑风险。① 在2008年金融危机爆发之后，卡普兰亲口承认了这种缺陷："……大卫·诺顿和我的工作成果都没能凸显风险的

---

① "无论风险评估是作为一个独立的类别还是作为四个业绩的组成部分，平衡计分卡（或其他任何一个商业报告方法）只有包括了风险评估，我们才能说平衡计分卡是一个好的工具。" James Lam, *Enterprise Risk Management*, First Edition, John Wiley & Sons, 2003.

衡量、缓解和管理。"①

（二）风险偏好

战略方案（加速或纠正措施的触发器）是否获批完全取决于公司的风险偏好。实施 ERM 要求公司制定风险偏好陈述，明确公司在追求业务战略过程中愿意承担多少风险。在战略风险方面，风险偏好指标通常是根据错误的业务决策或对行业变化缺乏响应给收入或企业价值带来的潜在影响做出界定的。

在严格使用标准规划工具的前提下，每个战略计划都会获得一个期望值，即使未能实现预期成果，也无需考虑结果围绕该期望值的分布情况。但每个计划都存在风险，风险呈现为一条钟形曲线，并向（当前的或未来某个日期的）期望值收敛，钟形曲线的两端向更坏或更好的业绩延展。在规划过程中忽视风险的公司会放弃管理曲线形态的机会。

例如，两个方案具有相同的期望值，但风险状况大为不同。一个方案的钟形曲线非常的狭窄，这意味着获得预期结果的可能性更高，失败的风险较低，但获得意外收获的机会也很小。另一个方案呈现出宽阔的钟形曲线，它表明更有可能获得不同于期望值的结果。规划工具无法指明如何在这两个方案中做出选择，由于各个公司有着不同的风险偏好，所以在不同的情况下，"正确"的选择也会有所不同。

（三）确定最优的风险概况

虽然风险总是呈现为钟形曲线，但这些钟形曲线不尽相同。图 3 展示了钟形曲线是如何用于捕捉各类风险的。②

利率风险或市场风险可以在基本上对称的曲线上绘制出来，一方面，因为利率或市场价格变动在产生有利和不利影响方面具有同等机会。而另一方面，业务和合规风险的上升趋势有限，但下降的可能性很大。毕竟，没有 IT、合规或法律等方面的问题仅仅意味着业务一切正常。然而，安全漏洞、IT 故障或监管问题等重大负面事件会带来巨大的不利后果。

---

① Robert Kaplan, "Risk Management and the Strategy Execution System," *Balanced Scorecard Report*, 2009.
② 为了简单起见，图中的钟形曲线呈对称或正态分布，但钟形曲线的特殊形态（如形状、倾斜度）取决于组织所面临的个体风险。

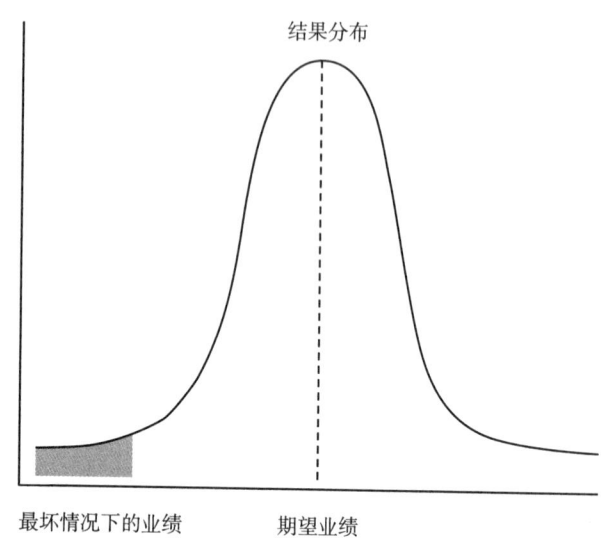

图 3　呈钟形曲线分布的风险

如果管理得当,战略风险将表现出独特性,即下行空间有限,而上升空间无限。优步(Uber)就是近期一个很好的例子,这家拥有颠覆技术的公司彻底改变了地面运输业的格局。2011 年,优步公司的估值为 6000 万美元,到了 2016 年飙升至 500 亿美元。无论业务机会是公司增长战略还是风险投资公司新投资的一部分,任何新产品或新业务机会都呈现出非对称钟形曲线形态,具有重大上行风险。

现在让我们看一下能将不同决策路径的可能性和结果映射出来的决策树①。这种映射不仅更好地展现了风险和收益,还有助于识别当计划落后于预期进度时应采取行动的触发点。采取这种方式,最优的战略风险概况就类似于看涨期权:下行风险敞口有限,而上行潜力无限。公司越快意识到方案陷入窘境,就能更快地采取纠正措施——例如,通过实施风险缓解战略或终止执行计划,让计划重回正轨。

实现下行风险敞口最小化并增加上行机会,这一目标是实物期权理论的基础。实物期权是一种权利,而非义务,指的是在获得更新信息的情况下,在不同的时点开展业务投资或改变投资。在这类情况下,因投资权利和义务不对等所产生的收益不对等就会形成期权价值。

风险投资公司在自己的业务模式中利用了这种不对称性。哈佛商学院高级讲师什卡·高希(Shikhar Ghosh)开展的研究表明,在美国,获得风投支持的公司中,约有

---

① 经典的决策树有着类似于钟形曲线的形态,但决策树是横向显示的,在关键时刻用于支持决策。

75%的公司没有向投资者返还资金，95%的公司没有获得预期的投资回报，此类公司的成功率仅有5%。[1] 为了维持一个理想的风险状况，风险资金会小心谨慎地分阶段投入资金，从获得成功的5%的公司身上收获巨额收益，同时停止或减少对另外95%的公司的投资。

制药公司采用了类似的组合投资方法。它们对内部药品开发进行投资，或购买有成功希望的药品专利或者收购医药公司。然后对已获得成功的风险投资项目继续重复投入限量资金，退出那些未达到预期收益水平的投资项目。

案例研究： 通用电气金融服务公司的政策6.0计划

20世纪90年代，通用电气金融服务公司在其政策6.0计划中使用了实物期权。根据该计划，如果一项投资活动没有实现预期效果，那么管理层有权选择放缓投资步伐或彻底终止投资活动，限制风险敞口。对新产品、新业务或具有重要使命意义的项目来说，政策6.0代表了战略风险管理的最佳实践模型。政策6.0要求公司对新计划相关的战略风险进行详细的分析，业务负责人和公司高管每个季度都会进行审查，比对清晰的预期对经营业绩进行监督和管理。政策6.0的主要内容包括：

关键假设：新业务必须识别对其可行性具有支撑作用的关键假设，通常包括业务趋势、消费者需求以及颠覆性技术等最为重要的战略风险。

监控系统：针对每个假设，企业必须确定关键绩效指标、关键风险指标以及早期预警指标的监控系统。此外，它们还必须将监管责任落实到人。

触发点：针对重要的指标，企业必须预先确定正向的、预期的以及反向的触发点，以在季度检查间隔期间采取管理行动或进行审查。如果重要的限度被突破，这可能即刻触发管理升级和特殊审查。

管理决策和行动：正向触发点意味着结果要优于预期，这可能促使管理层加快实施业务计划或承担更多的风险。反向触发点让管理层有机会启动风险缓解战略，如果重要指标和趋势远远低于预期，管理层则执行退出战略。

（四）基于风险的定价决策

正如上文所讨论的那样，对公司来说，确保在承担了愿意承担的风险之后获得相应

---

[1] Deborah Gage, "The Venture Capital Secret: 3 out of 4 Start-Ups Fail," *The Wall Street Journal*, September 20, 2012.

回报的最有效方法就是将风险成本纳入定价方法。如果风险成本没有在初步定价中得到充分的反映（例如，相对于风险而言，产品或交易的定价偏低），那么公司就没有办法收回成本。如果风险相关定价偏低，从短期来看，这能够增加收入和促进增长，但随着时间的推移，它会损害股东价值。在量化风险总成本时，公司应该考虑：

（1）预期损失（EL）或商业周期内的年均损失；

（2）非预期损失（UL），可以通过"经济资本×Ke（权益资本成本）"来确定；

（3）（套期保值或保险的）风险转移成本；

（4）（与人员保留和系统维护等相关的）风险管理成本。

图4显示了一个基于风险的定价的计算过程，计算方法与RAROC的计算方法相同。

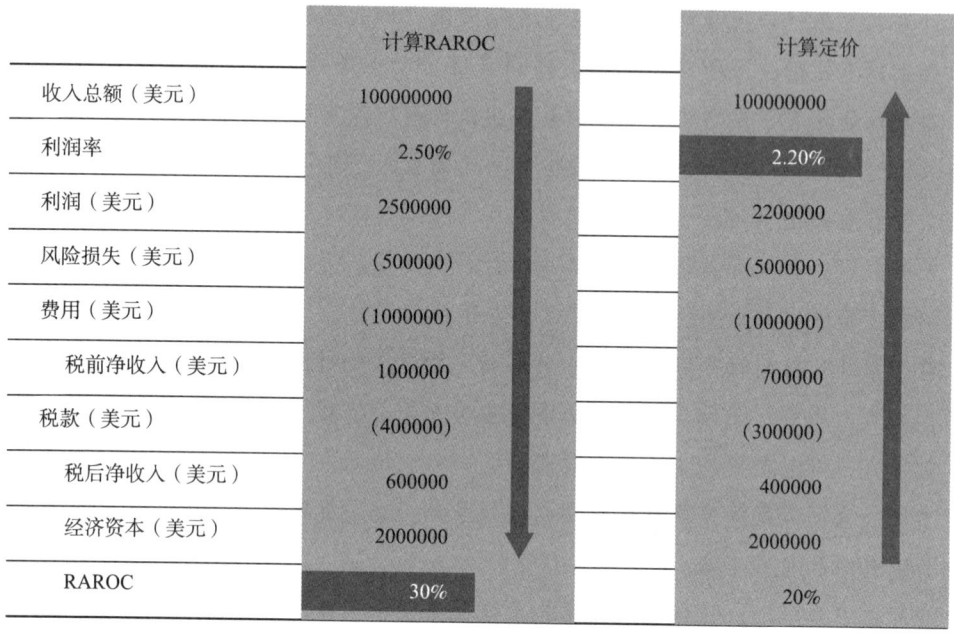

图4 衡量利润和定价

在第一列的"计算RAROC"中，计算过程是自上而下的。交易收入总额为1亿美元，利润率为2.5%，所以利润为250万美元。在扣除了50万美元的风险损失（预期损失）和100万美元的费用之后，税前净收入为100万美元。假设税率为40%，税后净收入则为60万美元。在这个例子中，200万美元的经济资本是基于交易的潜在风险来进行分配的。最后，用60万美元的税后净收入除以200万美元的经济资本就可以得出RAROC为30%。

30%的RAROC指标在以下两个方面为决策提供了非常有益的帮助。第一，能够为产品和消费者管理战略提供支持。如果RAROC高于Ke（权益资本成本），那么交易或消费者就能够创造股东价值，公司应该增加此类业务。相反，如果RAROC低于Ke，那么交易就会损害股东价值，公司应该停止此类业务，提高未来交易的定价或向相同的客户交叉销售更有利润的产品，以此来提升整体RAROC，使其高于Ke。

第二，RAROC能够为业务管理和资源分配提供支持。因为RAROC是一个对风险进行调整之后，能够衡量盈利状况的一致性指标，所以，不同业务单元计算得出的RAROC可以进行相互比较。利润率、资产收益率（ROA）以及净资产收益率（ROE）等盈利性指标并没有针对风险进行调整，所以贸然进行比较会得出错误的结论。例如，如果一个业务部门的实质性风险很低，即便它的ROA和ROE也比较低，但该部门还是可能比其他业务部门更具吸引力。在决定业务的增长、维持、恢复、收缩或退出方面，RAROC分析能为管理决策提供支持。

在我们提供的示例中，如果某个实力相当的竞争对手决定采取折价战略，公司的利润率不再是2.5%，而是降至2.3%，在这种情况下，公司将如何进行应对？此时，公司可以采用基于风险的定价来协助自己做出业务决策。图4中的第二列给出了具体的演示，计算过程是反向的，即自下而上。假定公司确定其开展某项业务所希望获得的利润率最低门槛是20%的RAROC。使用相同的方法进行倒推计算得出，如果基于风险的定价想要达到20%的RAROC，那么利润率至少应为2.2%。

20多年以来，银行业一直应用经济资本、基于风险的定价以及RAROC分析来管理自身的业务。银行业使用这些工具来衡量风险调整后的利润并对大量的产品和服务进行定价，其中包括商业贷款、消费贷款、衍生产品、投资银行业务以及经纪服务等。与此同时，基于风险的定价也是非金融机构的重要实践内容。空中客车的案例研究表明，如果战略计划没有全面考量风险成本，那么就会形成潜在陷阱。

案例研究：空中客车公司

欧洲航空业巨头——空中客车公司2项备受关注的产品在历经5年坎坷——延期和成本超支之后终于得以发布。2010年，空中客车公司承认，造成延期和成本超支的大部分原因是自身在执行定价战略时没有考虑风险。

彼时，空中客车公司最大的2项计划——A380巨型喷气式客机和A400M军用运输机的研发进度远远落后于日程表，超出预算数十亿美元。其他几个较小的计划也面临着无法按期、按要求向消费者交付产品的问题。空中客车公司的母公司欧洲航空防务及航天公司（EADS）的首席执行官加洛瓦（Louis Gallois）承认，由于旗舰产品开发计划存在问题，公司无法创造"足够"的利润。EADS 的首席财务官彼德·林（Hans Peter Ring）补充到，核心问题是难以将消费者的巨大需求与投资者期望的丰厚回报匹配起来。在接受《华尔街日报》采访时，林说："我们身处复杂的高科技行业，我们的业务蕴藏着非常多的风险，这是无法改变的事实。问题是如何对风险进行定价。很明显，在某些情况下，我们没有对风险进行正确定价。"

事实证明，空中客车公司对 2 项重大计划复杂的运营风险给出了错误的价格。在销售双层 A380 时，空中客车公司敦促客户对机舱内部进行前所未有的奢华装饰。配备了淋浴和私人套房的定制飞机所带来的复杂性让空中客车公司的生产系统不堪重负。2003 年，EADS 与 7 个北约成员国签订了 A400M 生产合同，这份合同的条款采用的是较为简单的民用客机生产合同的刚性条款，而 A400M 是世界上最精密的螺旋桨推动军用运输机。项目的推进难度要远远大于空中客车公司的预期，固定价格的预算很快就被突破。林说："我们承诺按照固定价格合同来开发和生产 A400M 是非常错误的。"

（五）并购决策

并购交易会给公司的命运造成深远的影响。一项成功的交易能够帮助公司超越竞争对手，而失败的交易会让公司倒退很多年。通过评估目标公司的风险状况以及合并后组织的风险回报收益，ERM 部门能够为重要的并购决策提供帮助。

传统的并购分析的基础是对独立实体和合并后的公司进行财务预测。基于这些财务预测，在确定了收购价格、收入增长率和成本协同效应等一系列假设前提的情况下，公司就能对潜在的收益稀释/增加做出估算。但是，传统的收益稀释/增加预测分析未能全面地考虑风险，进而得出错误的并购决策，导致不利的战略和财务后果。

下面，让我们看一下 ERM 是如何帮助公司做出更好的并购决策的。图 5 提供了一个并购分析的范例。

在这个例子中，A 公司正在考虑从 B 公司和 C 公司中选择一家进行收购。简化起见，我们假设 B 公司和 C 公司的收购价格相同。基于传统的财务分析，C 公司具有更大的吸引力，原因是它的 RAROC 和市值/账面价值比（M/B）要高于 B 公司。根据并购界的说法，兼并 C 公司具有反稀释效应（不会稀释收益），而兼并 B 公司具有稀释效应。

	A	B	C	A+B	A+C
收入	100	50	50	150	150
费用	50	30	25	80	75
税前净收入	50	20	25	70	75
税款	20	8	10	28	30
税后净收入	30	12	15	42	45
经济资本	200	100	100	210	270
RAROC	15%	12%	15%	20%	17%
M/B	1.00	0.67	1.00	1.50	1.20

注：此处假设 K_e=15%, g=5%

图 5　并购

但是，我们并没有考虑多元化收益（例如风险相关性）的影响，但是，ERM 在对这 2 个潜在并购方案进行评估时考虑了这一影响。多元化收益的影响可以通过合并实体的经济资本线显现出来。收购 B 公司将产生 30% 的多元化收益：A + B 的经济资本为 210，而收购之前为 300（A 公司 200，B 公司 100）。另一方面，收购 C 公司将产生 10% 的多元化收益：A + C 的经济资本为 270，收购之前为 300（A 公司 200，C 公司 100）。同样的，收购 B 公司之后，合并之后的公司能够获得更高的 RAROC 和 M/B 比。

正如我们看到的那样，风险管理能够给战略规划提供内生增长以及并购活动所带来的增长的相关信息。其中的关键是使用经济资本和 RAROC 等定量衡量指标清楚地确定风险偏好，然后从"可能如何影响股东价值"入手，对每个方案进行评估。通过这种方法，公司能够限制其活动的下行风险，拓展上行机会。

（六）风险转移

相对于自身的战略风险状况和风险偏好，公司也许会发现并购活动会带来风险敞口，抑或认为核心业务过于集中或是效率低下而不具有保留价值并蕴含风险。在这种情况下，风险转移也许是合适的解决办法。

传统上，风险转移一直被公司视为解决特定微观风险问题的一种办法。公司实施风险转移的原因通常有两个：（1）公司的风险敞口过大，需要摆脱风险；（2）由对冲基金或保险商等第三方承受风险，这样做更具财务效率。例如，在一家公司中，财务主管可以采用金融期货和掉期交易来对冲利率和外汇风险敞口，而保险经理可以购买产品责任险、财产和意外险，避免某些业务和营运风险的侵袭。通过风险转移，财务主管和保险经理寻求解决特定的风险问题。他们会对产品提供商的不同方案进行评估，然后根据最佳的结构和价格来做出决策。

然而，即便是在一个风险仓中，通过将单个项目分组并纳入组合当中也能大大降低风险转移成本。例如，通过宏观对冲资产负债表，而不是微观对冲每项资产和负债，财务主管能够降低利息风险的对冲成本。与此类似，通过利用内部多元化、采用覆盖多个风险的多年保险政策来转移剩余风险，保险经理能够节约大量的保险费用。

ERM可以进一步利用多元化，将风险仓整合到公司层面的风险组合中。通过考虑所有风险敞口的波动性和关联性，公司能够实现多元化收益或内部对冲收益的最大化。既然如此，公司可以整合自身的风险转移活动，关注净风险敞口。采用ERM方法来进行风险转移，公司将获得四个重要好处：

（1）吸收多元化的全面影响，从而降低风险覆盖的名义金额和风险转移成本；

（2）合理实施各类风险转移战略，避免不同风险的对冲过多或对冲不足；

（3）优化保险和再保险政策的限制和连接点以及优化衍生交易的对冲结构；

（4）在传统和选择性风险转移产品之间以及不同的产品提供商之间进行套利操作，实现风险转移成本的最小化。

此外，经济资本和RAROC方法不仅可用于基于风险的定价，它同时也是一个有用的工具，能够评估不同风险转移战略的影响。例如，执行任何一项风险转移战略，其经济收益包括减少预期损失和降低损失波动等，而经济成本包括保险费或套期保值成本、更大的交易对手信用风险和营运风险敞口。从某种意义上来说，公司放弃了风险和收益，才能产生分入RAROC。通过比较不同风险转移战略的分入RAROC，公司能够在同类事物具有可比性的基础上比较不同的结构、价格和交易对手，进而选择最佳的交易。

可以用收益的增加量除以经济资本的增加量来计算分入RAROC。从本质上来说，分入RAROC代表了风险转移的有效成本。如果分入RAROC小于权益资本成本（Ke），那么风险转移就能创造股东价值。相反，如果分入RAROC大于权益资本成本（Ke），那么风险转移就会损害股东价值。

（七）情境分析

另一个有用的战略风险管理工具是情境分析。一种情境分析是自上而下的假设分析，衡量某一特定事件（或事件集合）对企业的影响。例如，情境分析可以用于评估类似于2008年经济危机的全球经济衰退所产生的财务影响。除了经济或市场情景之外，公司还可以评估关键的监管、消费和科技趋势，它们可能对公司未来的经营业绩造成重大影响。美国杜克能源公司的案例研究显示了，当行业趋势高度不确定时，情景分析是如何为战略规划和战略决策提供信息支持的。

案例研究： 美国杜克能源公司

20世纪90年代末，美国开始放开对公用事业的限制，在此之后，电力市场经历了痛苦的转型。[1] 在2000年7月的战略会议上，杜克能源公司认为在未来的业务环境中公司可能会面临3种情景：

- 美国经济原地踏步，年均经济增长率停滞在1%；
- 市场网络化，互联网彻底改变了购买者与销售者之间的关系；
- 有缺陷的竞争，能源行业的去监管力度不均，这一状况将持续下去，使得不同地区的能源价格差异高达33%。

时间证明了杜克能源公司是一家具有先见之明的公司。杜克能源公司在2000年初任命了首位首席风险官，而当时美国经济开始下滑，互联网泡沫即将破灭。

杜克能源公司针对每个情景设定了早期预警信号：宏观经济指标、监管趋势、技术变革、环境问题、竞争态势以及能源行业的整合模式。很快，"有缺陷的竞争"场景慢慢清晰起来，最有可能成为现实，杜克能源公司据此采取了规避措施，以避免潜在的负面后果。与许多竞争对手不同的是，杜克能源公司缩小了产能扩张，即便是剥离资产，也要专注于实现现有组合的收益最大化。杜克能源公司预计随后几年田纳西州的电力供应将会出现过剩情况，因此，它出售了一部分位于该州的、尚未完工的新工厂项目。

在随后的几年，杜克能源公司的远见为它带来了回报，相对于竞争对手，杜克能源公司的运转继续保持良好态势。

六、持续不断的监控和反馈

"凡是能够衡量的东西就能够进行管理"，在风险管理中，这句古老的商业格言再

---

[1] Bernard Wysochi, Jr., "Power Grid: Soft Landing or Hard?" *The Wall Street Journal*, July 7, 2000.

正确不过。为了支持战略决策,公司的绩效管理系统必须将关键绩效指标(KPI)与关键风险指标(KRI)结合在一起。这两类指标在一个重要方面有所不同:KPI 审视的是过去和现在的业绩,而 KRI 探究的是未来的风险,甚至可以指明未来风险的规避或缓解方法。例如,对零售商来说,关键的风险指标可能是消费者投诉数量。这项 KRI 可以作为早期预警指标,KRI 的上升意味着有营运问题需要解决。如果不能及时解决问题,零售商就可能遭遇客户流失,而客户流失率便是零售商的 KPI 指标。

(一)制定关键风险指标

对绝大多数公司来说,制定有效的 KRI 是一项重大挑战。一方面,虽然金融机构通常拥有大量的信用风险和市场风险指标,但在汇总数据和制定营运风险指标方面仍然面临挑战。另一方面,非金融机构虽然能够从平衡计分卡和质量管理活动中获得非常多的业务和质量信息,但它们在针对财务风险或技术风险制定 KRI 时也可能遇到困难。制定领先指标以便针对潜在的未来损失提供有效的早期预警,在这一方面所有公司都面临挑战。

虽然制定有效的 KRI 是一项重大挑战,但一些现成的资源能够推导出 KRI 指标。这些资源包括:

(1)政策和规定:规范公司业务活动的规定以及管理层和董事会制定的公司政策和限制。这些规定、政策及限制提供了有用的合规 KRI。这些 KRI 可能包括违反限制或监管和标准合规要求的风险敞口。

(2)战略和目标:由高管层制定的公司和业务战略以及与之有关的业绩指标是另一个很好的 KRI 来源。需要注意的是,绩效指标是用于衡量预期业绩,而 KRI 是用于衡量业绩的下行风险或波动性。

(3)先前的损失和事故:许多公司建立了损失/事件数据库,用于统计历史损失和事故。这些数据库,甚至是传闻证据,能够提供有用的信息,提示哪些流程或事件导致了财务或声誉损失。而后可以根据这些数据来制定 KRI。

(4)利益相关者的要求:除了监管机构之外,消费者、评级机构、股票分析师和业务合作伙伴等其他利益相关者各自的期望和要求也有助于以这些关键群体的重要变量为基础制定 KRI。

(5)风险评估:由公司进行的,包括审计评估、风险控制自我评估以及内部控制测试在内的风险评估能够提供关于业务实体、流程或风险的有价值信息,而这些信息是制定 KRI 所必需的。

（二）整合业绩和风险监控

ERM 应该重点关注如何缓解下行风险（例如，最坏情况下的业绩），帮助管理层实现最优的风险—收益均衡。经过整合的业绩和风险监管流程包括以下步骤：

（1）通过一系列可衡量的战略目标来定义业务战略。
（2）基于这些战略目标的期望业绩来制定 KPI 和目标。
（3）通过风险评估，识别能够使真实业绩发生变化（表现更好或更坏）的战略风险。
（4）针对这些重大风险，制定 KRI，确定风险承受水平。
（5）整合报告和监控活动，为战略风险管理提供支持。

为了有效地管理战略风险，必须全面整合上述步骤。然而不幸的是，许多公司由战略规划部门和（或）财务部门执行步骤 1 和步骤 2，然后向执行委员会和董事会报告执行结果。另外，由风险部门执行步骤 3 和步骤 4，向风险和审计委员会报告执行结果。

（三）绩效反馈循环机制

绩效反馈循环是一个重要的概念，指的是根据实际业绩与期望业绩之间的差异来调整流程，从而实现自我修正和持续改进。作为科学方法的基本组成部分，一直以来反馈循环在经济、工程以及医药等许多领域都被视作促进改进的必备工具。最近，对冲基金管理和有效利他主义也开始采用反馈循环。[1] 如果没有绩效反馈循环，想要有效地评估和改进任何流程都将变得十分困难。风险管理也不例外！

我们如何才能知道风险管理是否有效运转？这也许是当前董事会、高管、监管结构和风险经理面对的最重要问题之一。最常见的实践是根据重要里程碑的实现情况、政策的违反情况、损失或其他突发事件来评估风险管理的有效性。但定性的里程碑或负面证据不再充分，组织需要为风险管理制定业绩指标和反馈循环。其他公司和业务部门也建立了类似的指标和反馈循环。例如，业务开发部门有销售指标，客户服务部门有客户满意度得分，人力资源部门有员工流动率等。

---

[1] 桥水基金是世界最大和最成功的对冲基金之一。基金创始人达利欧（Ray Dalio）支持使用绩效反馈循环来监控和塑造组织的有效性。参阅达利欧的《原则》，2011 年出版，www.bwater.com。有效利他主义是一种基于证据的全新慈善捐助方法。联合创始人麦卡斯基尔（William MacAskill）主张使用客观的反馈循环来确定利他主义追求的有效性。参见：William MacAskill, *Doing Good Better*, Gotham Books, 2015.

为了在 ERM 中建立绩效反馈循环机制，公司必须首先界定可衡量的目标。例如，公司可将 ERM 的目标界定为将非预期收益的波动降到最低（注意：这个目标不是将风险或收益波动的绝对水平降到最低，而是将未知因素造成的波动降到最小）。

一旦确定了目标，我们就能够创建反馈循环。图 6 说明了如何使用收益波动分析并将它作为此类绩效反馈循环的基础。

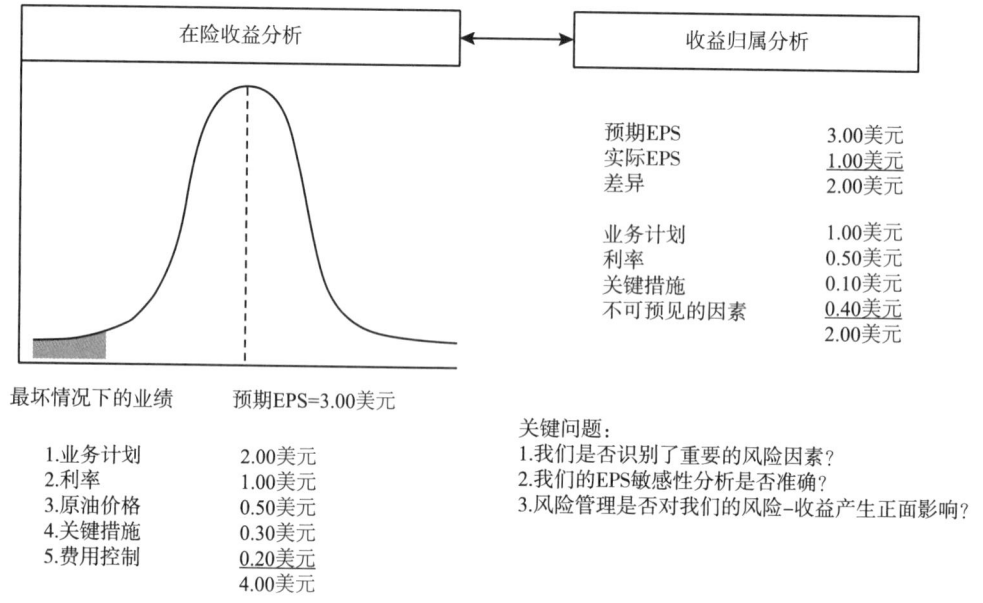

图 6　在 ERM 中建立反馈循环

在报告期的开始阶段，公司进行在险收益分析，识别几项关键因素（业务目标、利率以及油价等），这些因素可能会导致每股亏损 1 美元，而非每股 3 美元的预期收益。在报告期的收尾阶段，公司进行收益归属分析，确定实际的收益驱动因素。这些分析结合起来就为风险管理绩效提供了客观的反馈循环。随着时间的推移，组织努力将不可预见因素对收益的影响降到最低。请记住，这仅仅是一个例子。对于特定组织（例如非营利组织）而言，这也许不是一个恰当的反馈循环，每个公司都应该针对风险管理建立自己的反馈循环。

七、行动越快，效果越佳

战略风险管理的一个重要好处就是能够针对潜在问题提供早期预警信号。如果方案或计划落后于预期，警报就会响起，让管理层有机会重新调整努力方向，规避风险。如果结果远远低于目标，没有挽回的余地，那么公司就应该尽早执行退出战略。"更快失败"，这种能力在改善公司的财务业绩方面，几乎强于其他任何因素。

缺少可靠的指标不再是战略风险管理的障碍。经济资本是量化风险时经常采用的一种衡量工具；而根据不同的情景计算 RAROC，让管理层能够确定哪些业务活动能够实现股东利益的最大化。

虽然对绝大多数公司而言，战略风险构成了最大的威胁，但是只有少数公司将战略风险管理整合到它们的 ERM 计划中。战略举措总会涉及风险，无论如何精心规划，一些战略举措总是无法实现预期。公司对战略风险加以管理，让风险－收益整体情况向有利的方向倾斜。它们可以加大举措力度，让其超过预期；同时及时发现潜在失败，在重大损失形成之前采取纠正措施。风险管理应该提高举措的成功比率，创建一个类似于看涨期权的战略风险组合，让下行风险有限，而上行潜力无限。

评论

从不确定性获益而不是被随机性愚弄
——评《战略风险管理：优化风险-收益状况》

余 坚

我们生活在一个充满不确定性的世界里。美国克林顿政府时期的财政部长罗伯特·鲁宾在其回忆录《在不确定的世界》中，将其从华尔街到华盛顿的传奇职业经历归结为其一贯秉承的人生哲学：不确定性与可能性（概率）思考。他说，一个人永远都不应对任何事持绝对化的看法——包括对立面，结果是不确定的。离开政界后，鲁宾受邀加入花旗集团，担任董事会执行委员会主席。2007年，美国次贷危机爆发，整个金融体系遭受巨大冲击，花旗集团濒临破产。鲁宾在拯救危机无果的情况下黯然离职，在离任感言中说道："我非常遗憾的是，我和长期从事金融业的这么多同僚都没有意识到，金融体系可能会面临今天如此极端的情况。"

故事最后的结局是，美国政府出手拯救了花旗，而这也成为了由于"大而不能倒"所导致的道德风险的又一鲜活案例。显然，花旗集团的危机根源在于面临"黑天鹅"极端事件冲击下战略性风险管理层面的脆弱性。

与此形成鲜明对比的是，摩根大通集团在杰米·戴蒙的领导下，由于一贯坚持以资产负债管理为核心的稳健经营策略，在此次百年一遇的危机中经受住了生存考验。

那么，如何进行有效的战略风险管理？IMA于2016年发布了本篇公告，为实务界开展有效的战略风险管理提供了应用指南。本文拟对本篇公告中的部分重要议题进行梳理评论，以利于读者更好地理解和把握公告中的核心内容。

议题1：战略风险关注在正确的时间做正确的事而不是正确地做事

风险的本质是什么？20世纪最具影响力的经济学家之一、芝加哥学派的创始人弗兰克·奈特在其经典名著《风险、不确定性和利润》中做出了开创性的研究，认为利润来源于不确定性，并对风险和不确定性做出了进一步区分。企业家是风险偏好者，通过承担风险获取剩余价值，也就是通过识别不确定性中蕴含的机会，并通过对资源整合来把握和利用这些机会以获取利润。

奈特指出，风险是指可计量的不确定性，而不确定性是指不可计量的不确定性。与可计算或可预见的风险不同，不确定性是指人们缺乏对事件的基本认知，对事件可能的结果知之甚少，因此不能通过现有理论或过往经验进行预见和定量分析。

根据不确定性程度的大小，可以将不确定性谱系划分为：确定性→风险（概率可量化）→不确定性（概率不可量化）→混沌/完全无知。不确定性程度越大，机遇和风险也越大，当然，对其认知和掌控的难度也越大。

根据风险源或者风险因子的差异，可以将公司面临的风险区分为战略风险、经营风险、财务风险、操作风险等。正如公告中所揭示的，在风险管理实务中，公司往往注重于财务风险和操作风险的防范，忽视战略风险作为最高优先等级风险的地位。

其实，企业的命运一半是由充满不确定性的外部环境决定。一项针对企业利润的归因研究结果表明，公司利润的一半贡献应归因于外部因素（宏观政治经济因素35%、行业因素10%），而企业内部因素的影响仅贡献了另一半业绩（公司层面18%、业务单元层面37%）。而战略风险管理所重点关注的领域，就是对公司战略目标和执行产生重大影响的外部环境变化所产生的机遇和威胁的认知和应对上。

良好的运营意味着正确地做事，良好的战略意味着做正确的事，良好的财务意味着做事的稳健性。任何成功的公司都首先必须保证战略发展目标方向的正确性，以及战略的容错和纠错能力，即战略风险管理能力。通过战略风险管理，寻求类似于期权的风险/收益不对称关系，让风险—收益分布向有利的方向倾斜，控制下行风险的空间，让上行空间无限放大。

议题2：风险价值（VAR）是现代风险计量中的核心方法

风险计量的核心工具是概率论与数理统计。引发现代金融创新和风险管理革命的引擎来自对风险计量的技术突破。彼得·伯恩斯坦在《与天为敌：风险探索传奇》和《资本理念的进化》（又译作《投资新革命》）两本书中，饶有趣味地梳理了千百年来人类在应对不确定未来中的种种科学知识的探索，以及以风险计量为基石的现代量化金融知识体系的构建过程。均值—方差分析模型（马科维茨）、资本资产定价模型（夏普）、期权定价模型（布莱克、斯科尔斯、莫顿），是该理论大厦中的标志性成果，浓缩为一句话，即一切的资产定价都是风险定价，一切的资产配置都是风险配置。

我们将公告中涉及的与风险计量相关的概念串联起来：

（1）资源配置（或业务投资组合）。公司的每一次重大战略决策都是以可用资源作为赌注，来验证决策者对于宏观经济、行业发展以及市场趋势的预判，豪赌公司的核心竞争力以及把握商机的能力，同时还要避免或明或暗的陷阱。

正如之前所说，资产配置的核心是风险配置，因此，战略风险管理的起点是识别各种重要的风险因子，并探究风险因子与业务未来可能结果之间的相关性。

（2）损益（或价值）概率分布。就像开展人寿保险业务的基础是统计可靠的"生命周期表"（关于死亡年龄的统计分布）一样，为面向未来的资源配置（或业务投资组合）面临不确定的损益分布，未来或好或坏，如何认知和量化未来各种可能发生的预期结果的统计概率分布是风险管理中的关键环节，一切量化风险指标都是基于此概率分布得出。

需要提醒注意的是，理论和实务操作中一般采用正态分布假设，但在真实商业世界中，损益分布往往存在"肥尾"现象和"聚集"现象。极端事件的发生概率往往要高于理论值，"黑天鹅"事件往往隐藏在人们忽视的小概率事件中。各期的损益往往不是完全的独立同分布，而是存在一定的趋势性和相关性，即要么好事连连，要么坏事不断。这些风险特征为量化模型的实际应用带来巨大挑战，模型失效风险更难提防。

（3）期望值与波动率（均值与标准差）。基于未来各种可能结果的概率分布曲线，我们就可以据此估计损益的一致性预期（期望值）及离散度（方差或标准差），离散度越高说明损益分布的波动性越大，未来结果越不确定。不确定性并不意味着风险，好业务往往具备高不确定性的特征，因为这恰恰意味着可能获取的巨大的上行机会。但我们一般理解的风险是指其中的下行风险。

（4）风险容忍水平。每个人、每家公司应对风险的心理承受能力和财务承受能力是不相同的，显示为不同的风险偏好水平，这可以通过设定一定置信（概率）水平下的最大风险限额，或者采用可接受的偿债能力标准（违约概率）来加以量化描述。当然，风险偏好水平也会随着时间的推移和环境条件的变化而动态变化。战略风险管理中最大的风险来自在过度乐观心理情绪推动下，在繁荣的末端增加风险偏好水平。

实务中，公司的风险偏好水平和目标偿债能力可以通过其外部信用评级所对应的违约概率来显示，例如，遵照国际评级标准，AA级（99.96%）对应0.04%的违约概率，A级（99.9%）对应0.1%的违约概率。也就是说，在稳定的假设条件下，A级公司1000年才会出现1次破产危机。当然，现实情况要糟糕很多。此外，我国的信用评级标准普遍要比国际标准低至少1个等级。这些因素在实务应用时必须加以慎重考虑。

（5）风险价值（VAR）。世上没有100%的保证，理论上任何资产在极端情形下都可能归零，但杞人忧天不是风险管理。从现实考虑出发，为了估算风险敞口和风险限额，需要量化计算特定条件下的最大潜在损失风险值。VAR是指在一定置信（概率）水平下（如99%，对应2.33个标准差），在一定的期间内（1天或10天等），业务组合可能发生的最大损失。在损益概率分布曲线符合正态分布情形下，找到该概率对应的百分位的损益值，就得出相应的VAR。可以这么说，VAR衡量的是公司业务的非预期损失，因为预期损益已被纳入正常的公司运营成本之中，而非预期损失恰恰是风险管理的核心所在。

VAR已成为现代风险管理实务中的核心工具，最大的好处是可以针对各种风险因子或者各种业务的风险进行累计加总，计算得出公司总风险值。但VAR的缺点是严重依赖损益分布假设，因此，VAR得出的最大风险值也只是在正常条件下的理论值，是风险管理的参考值而不是依赖值。为弥补VAR的缺陷，实务中往往需要开展情景分析和压力测试，以检验在极端情形下打破常规风险分布和置信水平时的极端损失值。

议题3：经济资本和风险调整资本收益率是衡量战略风险的两个核心指标

VAR的一个最重要的应用，是确定公司的风险资本以及在各业务中分配风险资本。风险资本的核心逻辑是，考虑到公司所从事业务的风险，尤其是其非预期的重大损失，公司需要多少资本来覆盖所有损失风险，确保其偿付能力而不致破产。风险资本在金融业中普遍被称为经济资本，不过我还是建议称之为风险资本更加符合其本意。

风险资本的计量基于VAR算法，描述了在特定期间和特定条件下公司吸收最坏结果的资本缓冲值，确保公司仍能维持其偿付能力。与VAR的主要差异之处在于，经济资本一般对核心风险参数有特定的规则，并需要由公司决策层自主设定。置信水平（反映公司独特的风险偏好和风险容忍度）一般根据公司的信用等级对应的违约概率设定（如99.6%对应A级），考察时间跨度（根据业务特征设置）通常为1年。

正如公告中所言，风险资本与账面资本之间存在本质的区别，风险资本或经济资本揭示公司目前和未来所承担的风险额度，账面资本反映公司过往和目前所累积的资本（未考虑潜在风险）。从资本覆盖风险程度以及风险/收益对比的角度分析，可以看清公司是如何创造股东价值的。

要搞清经济资本是如何驱动并创造股东价值的，我们需要使用风险调整资本收益率

（RAROC）这个关键风险业绩指标。与通常使用的净资产收益率（ROE）或投入资本收益率（ROIC）指标不同，RAROC 衡量的是经风险调整后的利润与风险资本之间的对应关系，反映承担风险的收益情况。当 RAROC 大于账面权益资本成本时，意味着承担该风险是创造价值的，反之则意味着毁灭价值。

因此，公司在对有限的账面资本（资金限额）以及风险资本（风险限额）在各个业务之间进行资源配置时，应该依据各业务的 RAROC 的大小进行优先级排序，将资源尽量向更高优先级别的项目聚集。建议实务中在进行战略性资源配置时，应将 RAROC 与定性分析相结合，尤其是充分考虑项目的战略重要性和长期发展潜力。

RAROC 风险计量方法可以应用到公司经营层面的产品定价上。传统的产品定价策略往往只考虑短期效应和运营成本，忽视非预期损失带来的成本冲击。正如公告中的空中巴士案例所揭示的，产品定价如果没有全面考量风险成本，可能会酿成重大苦果。风险定价的逻辑是，在确保股东价值创造前提条件下，从权益资本收益率期望值出发，逐步倒推得出价格：期望权益资本收益率（Ke）→风险调整资本收益率→产品毛利率→产品价格。

RAROC 风险计量方法还可以在公司战略性并购业务评估中发挥独特作用。战略并购中最复杂的环节之一是评估并购中的协同效应和分散效应。协同效应带来增加收入或削减成本的价值，改善了 RAROC 的分子。分散效应是指业务之间由于相关性程度低（甚至是负相关），从而降低了整个业务组合的风险（波动性），由此带来业务组合的经济资本占用的减少，改善了 RAROC 的分母。RAROC 最终的改善结果要同时考虑分子分母的改善情况，并最终决定了并购行为是否创造股东价值。

如果公司评估认为承担风险过度，需要考虑进行风险转移和风险对冲，RAROC 能够用于评估不同风险转移策略的影响。风险转移意味着放弃该笔风险业务的风险收益 RAROC（风险对应的收益，同时释放出经济资本占用），而放弃的 RAROC 代表了风险转移的有效成本。与通过承担风险获取收益的价值创造路径相反，如果放弃风险对应的 RAROC 小于权益资本成本，那么风险转移就能创造价值，否则就是不利的。

议题4：整合绩效与风险的动态监控体系是管理战略风险的关键

在实务中，公司往往将强调进攻型的绩效管理与强调防御型的风险管理相分离，甚至相对立，这是风险管理工作往往达不到预期效果的主要原因之一。要进行有效的战略风险管理，必须从公司治理高度全面整合协同绩效和风险管理。

公告中阐述了构建风险防御模型的三道防线公司治理框架，值得实践推广应用。业务部门（和支持部门）构成第一道防线，侧重竞争战略和经营风险的监控与应对；公司管理层（以及首席风险官和风控部门）构成第二道防线，侧重公司战略执行、资源配置与战略风险的监控与应对；董事会（以及审计委员会）构成第三道防线，侧重公司战略与风险管理政策、风险偏好与目标偿债能力标准等设计与执行。这里的关键是要将风险管理工作有机嵌入到战略与绩效管理流程当中。正如罗伯特·卡普兰在 2008 年金融危机爆发后所意识到的，作为战略执行系统的平衡计分卡，最大的缺陷是没能凸显风险管理的重要性。

在整合绩效与风险的动态监控体系中，需要将关键绩效指标（KPI）与关键风险指标（KRI）有机结合起来。公告中分享的通用电气金融服务公司战略风险管理的最佳实践案例值得借鉴，其战略风险管理体系包括关键假设、监控系统、触发点、管理决策和行动。顺带说一句，2018 年通用电气陷入经营危机，并被剔除出道琼斯指数，战略风险管理在不确定性面前的艰难可见一斑！

平心而论，设计有效的 KRI 指标以及早期预警指标的监控体系确实存在较大难度。但敢于迈出哪怕是最小的一步，对风险管理而言都是一大步。世间难事贵在坚持，正如达里欧在《原则》一书中所建议的，建立持续的反馈循环，有效学习自此开始。建议在实务中从有意识地主动识别风险因子开始，收集数据进行简单的时间序列统计分析，寻找相关性；在事前的预算工作中增加基于不同假设的敏感性分析，计算风险价值（VAR）和风险收益（EAR）、风险调整资本收益率（RAROC）指标等；在事后的定期财务分析工作中增加业绩归因分析，探究风险因子以及公司策略对公司业绩的影响程度等。

在评论的结尾处，我推荐大家研读一下塔勒布所写的关于风险与不确定性的经典三部曲：《随机致富的傻瓜》《黑天鹅》《反脆弱》。任何脆弱的事物终将消亡，任何反脆弱的东西在动荡中会愈加强大，塔勒布如此说道。顺便说一句，这位仁兄竟偏执地质疑一切当今大行其道的量化风险管理模型，至于原因么，他认为"黑天鹅"往往出没于正态分布无法捕捉的小概率区间内，一旦现身就会要了你的命！

实施有效风险偏好

关于作者

詹姆斯·林（James Lam）在2002年创建了风险管理咨询公司——James Lam & Associates 并担任总裁。他曾与结构复杂的大型组织的董事及高管合作，其中包括金融机构、能源企业、跨国公司、监管机构和非营利组织。《欧洲货币》（*Euromoney*）杂志一项调查显示，詹姆斯·林被客户和同行提名为世界顶尖的风险咨询顾问之一。

一、执行摘要

如果战略是指做正确的事,而运营是指正确地做事,那么风险管理则是指在不确定的条件下有效兼顾战略及运营的能力。组织面临着多种多样的不确定因素,除战略和经营风险之外,组织还面临着金融、法律/合规以及声誉方面的风险。企业风险管理(ERM)是一种在全球范围内获得广泛认同的方法,可用于识别、评估、衡量和管理组织所面临的主要风险,包括各种风险之间关键的相互依存关系。[1]

2008年全球金融危机爆发期间,未知风险或被低估的自身业务风险令世界许多公司措手不及。此外,与金融交易对手、业务合作伙伴和宏观经济相联系的系统性风险及跨国连锁反应致使财务损失和经济影响不断扩大。此后,政府和监管部门施行了更为严格的监管标准和资本要求。有鉴于此,公司董事会和高管加大了对 ERM 的投资。

ERM 必不可少的环节就是制定关键风险矩阵、风险敞口限度以及治理和监督程序,以确保企业整体风险维持在可接受和可控的水平内。要满足上述要求,最佳实践方法就是制定一份明确界定的风险偏好陈述书(RAS)。负责风险管理监督工作并承担最终责任的公司董事需要认识到这一需求,但美国公司董事联合会(NACD)2013~2014年度调查显示,只有26%的公司制定了明确的风险偏好陈述书。[2]

风险偏好陈述书为董事会及管理层解决与战略、风险管理和运营相关的基本问题提供了框架:

(1)组织整体和单个业务部门的战略是什么?这些战略背后的关键假设是什么?

(2)为了实现自身经营目标,组织愿意承担哪些重大风险以及接受何种程度的总体风险?为监督和控制这些风险,我们应如何建立治理架构及制定风险管理政策?

(3)应如何评估和量化核心风险,以便我们能够随时监督风险敞口和跟踪关键趋势?我们如何根据经营目标、利润和增长机遇以及监管要求来确定风险容忍度?

(4)我们如何将风险偏好和战略及战术决策进行整合,以优化我们的风险状况?

(5)我们如何建立 ERM 反馈机制并向董事会和高级管理层提供有效报告?

本公告为董事会成员、企业高管以及为他们提供支持的风险、合规和审计专业人士

---

[1] James Lam, *Enterprise Risk Management: From Incentives to Controls*, Second Edition, Wiley, 2014.
[2] National Association of Corporate Directors, "Public Company Governance Survey," 2013 – 2014.

提供了一套可用于制定和有效实施的 RAS 框架的指引、最佳实践和实践案例。此外，本公告还提供了一个成熟度模型，以便帮助企业评估当前自身的 RAS 实施状况；该模型还包含有效的基准，可满足进一步开发需求。本公告将讨论：

（1）风险偏好框架的要求，包括关键概念和定义。

（2）RAS 的制定，包括实施步骤和持续改进。

（3）董事会、高级管理层、业务和运营单元的角色和职责。

（4）监测和报告程序，包括组织不同层级的 RAS 指标之间存在的联系。

（5）RAS 实践范例，包括与主要风险相关的示意性指标和风险承受水平。

（6）RAS 成熟度模型，为支持组织自我评估和基准分析提供参照标准。

精心制定的 RAS 应具备以下特征：①是 ERM 整体框架的关键要素；②与业务战略保持一致，并用定量的方式描述风险容忍度；③能够强化组织所期望建立的风险文化；④能够产生更为优异的经营业绩，从而提高组织在主要利益相关者中的声誉。图 1 概述了这些关键特征以及 ERM、风险偏好、风险文化和声誉之间的联系。

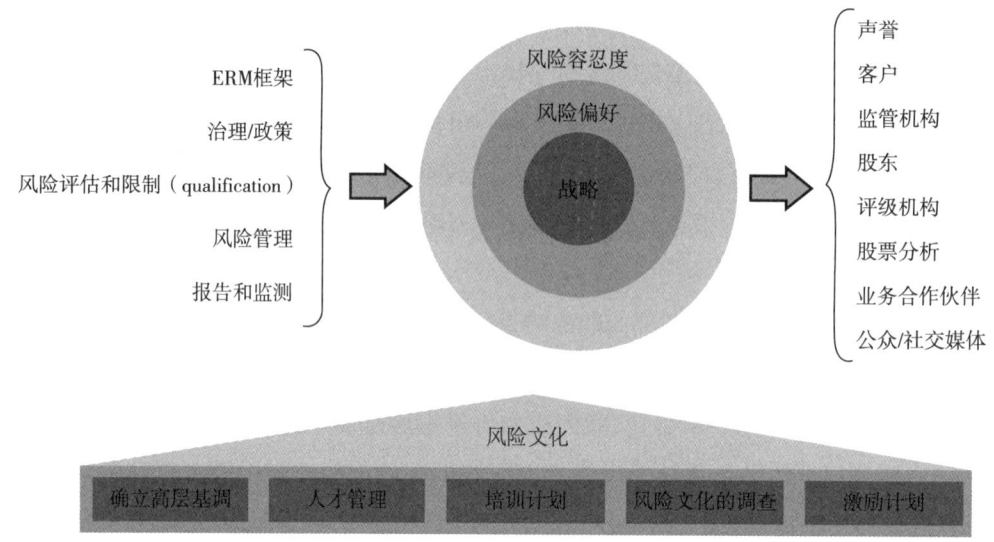

图 1　ERM、风险偏好、风险文化、声誉之间的关键联系

二、风险偏好框架的要求

风险偏好陈述书是一项经董事会批准的政策，界定了组织在实现经营目标的过程中

愿意接受的风险类型和风险总体水平，其内容包括定性描述、指引、定量指标以及风险敞口限度。

组织通过风险偏好框架制定 RAS，而风险偏好框架包含用于建立、沟通和监控风险偏好的通用语言、政策、流程、系统和工具。风险偏好框架应包括下列要素：

(1) 风险容量（也称为风险承受能力）代表了一个公司吸收潜在损失的整体能力。风险容量可以根据满足流动性需求的现金及现金等价物来衡量，也可以根据弥补潜在损失的资本和储备来衡量。在银行业等受到严格监管的行业中，公司可能将自身的风险容量保守地定义为为了弥补负面假设下的潜在损失而预留的资本储备。这些资本能够帮助公司通过监管当局的压力测试。科技创业公司等其他类型的公司，可能对风险容量的定义更为大胆。这些公司认为风险容量涵盖了在一个相对较短的时期内（如下一轮融资），公司可以承受的而不至于引发破产的资本和资源损失。这些计算方法的共性是它们所代表的是一家公司能够（不只是愿意）承担的最大损失的绝对值。风险容量还应该考虑组织在风险管理方面的技能、工具和绩效记录。假设两家公司具有类似的风险状况和资本水平，拥有更高风险管理水平的公司将具有更大的风险容量。

(2) 风险状况是指在某个特定时点（过去、现在或将来）组织风险的构成概况。风险状况需要与组织的商业模式和战略保持一致，这一点尤为关键。① 例如，一家企业选择成为低成本供应商，在这种情况下，它的风险状况受到低利润率（如较弱的定价能力）和显著的经营风险（如成本控制、供应链管理和规模经济）的影响。相反，一家公司选择成为高品质、具有附加值的供应商，此时，它的风险状况受到高利润率和显著的战略及声誉风险（如产品创新与差异化、客户体验和品牌管理）的影响。一个组织当前的风险状况是由其业务活动中蕴含的全部潜在风险所决定的，而预计或目标风险概况可能还包括商业计划假设。

(3) 风险调整收益为确定组织愿意承担多大的风险提供了商业和经济方面的依据。事实上，如果不能获取相应的补偿，组织应该是不愿意承担任何风险的。相反，如果市

---

① 在初级阶段，风险状况主要用定性术语（低、中、高）来加以表述。在更高级阶段，风险状况具备较多的可量化成分，并能为"钟形曲线"所反映，具有全方位的概率和结果。从本质上来说，风险状况已成为风险/回报状况，能够量化预期业绩、下行风险和上行风险。

了解风险/回报状况的形状同样重要，它可以是正态分布也可以是不对称分布。风险类别和业务活动不同，风险/回报状况也有所不同。例如，商业贷款业务的信用风险具有有限的上升空间（贷款保证金）和巨大的下跌空间（贷款本金）。资金部门的利率和外汇风险更多地呈正态分布，这是因为利率和汇率的变动方向在有利于或不利于公司方面具有对等的效果。企业研发（R&D）预算或风险投资基金的战略风险具有有限的下跌空间（初始投资的价值）和巨大的上升空间（初始投资的很多倍）。ERM 的核心目标是优化组织的风险/回报的形状。

场能够提供较高的预期收益,那么组织应该会愿意加大其风险偏好(同时对我们前文所述的风险容量加以考虑)。在任何一项商业交易开始之初,风险发起人必须确定一个合适的风险调整价格,充分考虑生产和交付成本以及风险成本(如预期损失、意外损失或经济资本成本、保险和对冲成本以及行政管理成本)。风险调整定价的重要性怎么强调也不为过。虽然每个企业都会承担风险,但对它们而言只有一个补偿机会,即通过自身产品和服务的定价进行补偿。除定价之外,组织还可以运用一系列工具——经济增加值(EVA)、经济资本(EC)和资本的风险调整收益(RAROC),来衡量风险调整收益率,评估投资和收购机会,分配资本和其他企业资源。

(4) 风险偏好代表了一个组织在积极实现其战略目标的过程中所愿意承担的风险类型和总体风险水平。风险偏好应被纳入更为广泛的风险容量范畴,最为理想的情况是,将其与组织当前的风险状况紧密结合起来。高风险偏好会消耗较多的风险容量;而低风险偏好消耗的风险容量较少,从而提供了一个更大的缓冲区,减少企业在资本和资源方面的脆弱性。一家公司的风险状况应与其风险偏好非常接近,但在现实中,企业想要清楚地了解自身的风险状况是非常具有挑战性的,按组织条块(silo)开展的风险评估,对风险之间的关联性了解甚少以及对收益和价值驱动因素分析不足都可能产生蒙蔽效果。RAS 对于全面了解公司的风险状况及其风险偏好价值尤其具有价值。如果一家公司的风险状况与其风险偏好未能保持同步,那么,管理层应该作出方向性修正,让二者更为接近。

(5) 风险容忍度常常被视为风险偏好的同义词,但在实践中,风险容忍度与风险偏好有着很大的区别并在风险偏好陈述书中发挥着重要作用。风险容忍度是组织将其风险偏好分配到特定风险类型、业务单元、产品和客户群以及其他层级的量化阈值。某些风险容忍度是不可逾越的政策界限,除非是在特殊情况下(硬性限制),而其他风险容忍度是风险审查和风险缓解的路标或触发点(软性限制)。风险偏好是组织基于长期目标所下的战略决心,而风险容忍度可视为在既定参数范围内为承担特定风险所做的战术准备。因此,企业整体层面的战略风险偏好可转换为具体的战术风险容忍度,用以限制业务层级的风险接受活动。风险容忍度是一家公司(业务单位或职能部门)为实现其风险偏好而必须将其运营活动限定于其中的参数范围。风险容忍度一旦确立,这些参数需在组织范围内由上至下进行传达,为高管和经理提供明确的指引并在相关参数被突破时提供反馈。

有鉴于此,公司应始终使用与业务绩效衡量方式紧密联系的指标来定义风险忍受度(如关键风险指标应该与关键绩效指标密切相关)。

在开发 RAS 框架的过程中，确定风险容忍度是一大主要挑战，但对于成功制定 RAS 是必不可少的。我们可以采用许多方法来确定风险容忍度，但究竟哪种方法最为有效，则取决于每个组织。图 2 提供了组织在确定其风险容忍度水平时可以采用的一些方法。某些情况下，最好是采取综合性方法。例如，一个组织可能使用统计分析方法（95% 的置信度观察）来初步设定风险容忍度，而后根据管理层的判断向上或向下进行调整。

```
1. 董事会和管理层的判断
2. 收益或权益资本比例
3. 监管要求或行业基准
4. 对实现业务目标的影响
5. 利益相关者的要求或期望
6. 基于统计（如根据历史数据，设置 95% 的置信水平）
7. 模型驱动（如经济资本、情景分析、压力测试）
```

图 2　确立风险容忍度的方法

虽然 RAS 框架的主要目的是确定风险限度，但同时也提供了其他重要益处，包括：

（1）就董事会、管理层以及业务层面讨论风险形成共识并提供通用语言。

（2）增强风险意识并在整个组织范围内强化所期望建立的风险文化。

（3）将业务战略与风险管理整合起来，在财务绩效与风险控制要求之间取得平衡。

（4）量化、监测和报告风险，以确保将风险控制在可接受和可管理的范围内。

（5）将风险评估和风险/收益分析纳入战略、业务和运营决策。

（6）将风险偏好与其他 ERM 工具整合起来，其中包括风险控制自评（RCSAs）、关键绩效指标（KPIs）和关键风险指标（KRIs）、经济资本和压力测试。

（7）满足外部利益相关者（如监管机构、投资者、评级机构和业务合作伙伴）在风险透明度、安全性、稳健性以及环境和社会可持续发展方面的需求。

三、制定风险偏好陈述书

制定 RAS 是 ERM 计划的重要组成部分。RAS 为董事会、高管层、风险控制和监督职能部门（风险、合规和内部审计）以及业务和运营单元制定以风险为导向的决策提供信息，从而为战略、运营和风险管理带来巨大好处。制定 RAS 的相关要求取决于组织、业务以及运营所处监管环境的规模和复杂程度，同时还取决于 ERM 计划的成熟程度。以下步骤为组织制定并持续优化 RAS 提供了通用指南。

（一）第 1 步：评估监管要求和预期

作为更广义的 ERM 计划的一部分，RAS 不仅可以满足监管要求，而且可以提供更多的价值。尽管如此，协助组织流程满足监管要求已能够为组织带来诸多益处。不论具体的法律、法规或行业标准是否提出实际要求，RAS 都提供了一个系统而全面的控制风险敞口和集中度的方法。通过成功部署 RAS，组织能够应对一些常见的监管制度要求。下面我们以金融服务行业为例加以说明：

- 美国证券交易委员会（SEC）。作为由 10 个国家的 12 个监管机构共同发起的全球协作计划中的一员，SEC 于 2010 年 12 月发布了一份报告，对金融机构如何推进风险偏好框架开发工作（包括了 IT 基础设施和数据采集能力）进行了评估。[1]
- 美联储（Fed）。美联储在 2012 年公布了《大型金融机构综合监管框架》（*Consolidated Supervision Framework for Large Financial Institutions*），指出各个公司的董事会应该在高管层的支持下"保持明确的企业战略和机构风险偏好"。该框架进一步指出，"薪酬安排和其他激励应该与企业文化和机构风险偏好保持一致"[2]。
- 金融稳定理事会（FSB）。2013 年 11 月，FSB 为 ERM 以及 RAS 框架提供了更多指引。该监管指引包括关键术语和定义，而更为重要的是，明确了监管机构对公司董事会的监管预期。[3]
- 美国通货监理局（OCC）。2014 年，OCC 为金融机构制定了指引，其中包括"一份综合书面声明，阐明了作为风险管理框架基础的银行风险偏好"[4]。
- 风险与偿付能力自我评估（ORSA）。2014 年，由美国保险专员协会（NAIC）制定，ORSA 申明"一份正式的风险偏好陈述以及相关的风险容忍度和限度是保险公司风

---

[1] Securities & Exchange Commission, "Observations on Developments in Risk Appetite Frameworks and IT Infrastructures," Senior Supervisors Group, December 2010.
[2] Board of Governors of the Federal Reserve, *Consolidated Supervision Frameworks for Large Financial Institutions*, 2012.
[3] Financial Stability Board, Principles for an *Effective Risk Appetite Framework*, November 12, 2013.
[4] U. S. Office of the Comptroller of the Currency, www.occ.gov/news-issuances/news-releases/2014/nr-occ-2014-4.html.

险管理工作的基本元素；理解风险偏好陈述书有助于确保董事会遵循风险战略"①。

虽然这些规定主要集中于银行、保险公司和其他金融机构，但是上述组织和机构所提供的标准和指引也能让其他行业领域内的组织获益良多。此外，所有公司都应该了解全球范围内的证券交易所、评级机构和其他组织［如全美反虚假财务报告委员会下属的发起人委员会（COSO）和国际标准化组织（ISO）］所确立的 RAS 框架预期。

（二）第 2 步：就 RAS 所能提供的业务和风险管理优势进行沟通

高管层必须确定"高层基调"，并对 RAS 在风险管理过程中发挥的关键作用进行传达。传达方式是 CEO、CFO、CRO 和其他业务高管直接向关键的内部利益相关者传达。此类传达可以通过公司大会、专题研讨会、企业备忘录或电子邮件等形式进行。传达中应该清楚地说明董事会和公司领导给予的支持，阐明实施步骤、预期收益、监管要求、行业标准以及关键利益相关者在业务层面对 RAS 的应用。此外，负责制定和实施 RAS 框架的内部利益相关者应该接受适当的培训。

（三）第 3 步：组织一系列专题研讨会并制定 RAS

在进行适当的沟通，完成或有序开展相关培训后，组织开始准备制定 RAS。RAS 的执行发起人（如 CRO 或 CFO）应该为风险责任人（如业务和职能部门领导）组织召开一系列专题研讨会，以便他们为各自的组织单元制定风险偏好指标；而 CEO 和高管团队主要成员则负责制定企业层面的风险偏好指标。这些专题研讨会的目的是在听取所有风险责任人的意见和建议后，解决下列问题，从而制定 RAS：

（1）经营战略。你所在业务单元或职能部门的业务战略和目标是什么？这些战略背后的关键假设是什么？

（2）绩效指标。能够最好地量化这些业务或流程目标的 KPI 是什么？这些 KPI 的绩效目标或触发因素是什么？

（3）风险评估。导致实际绩效与预期绩效产生差异的主要风险是什么？［注：可以通过风险控制自评（RCSA）流程进行这种分析。］

---

① National Association of Insurance Commissioners, *Own Risk and Solvency Assessment* (*ORSA*) *Guidance Manual*, 2014.

(4)风险偏好。我们针对每个核心风险的风险偏好是什么？量化这些风险敞口水平和（或）潜在损失的 KRI 是什么？这些 KRI 的风险限度或容忍度是多大？

在风险/回报呈"钟形曲线"的背景下，图 3 提供了解答上述问题的逻辑流程。不幸的是，许多公司打破了这一逻辑流程，将战略与 ERM 组成元素分隔开来。这些公司通常将战略目标和 KPI 的定义工作作为战略规划（图 3 中的步骤 1 和步骤 2）的一部分，并向执行委员会和整个董事会进行报告。这些公司将风险评估和制定 KRI 作为 ERM（图 3 中的步骤 3 和步骤 4）的一部分单独另行向 ERM 委员会以及董事会下属的风险或审计委员会进行报告。实际上，战略与 ERM 的整合以及 RAS 框架中关键绩效指标和关键风险指标的一致性，能为我们提供更好的分析、更深入的见解和更明智的决策制定流程。

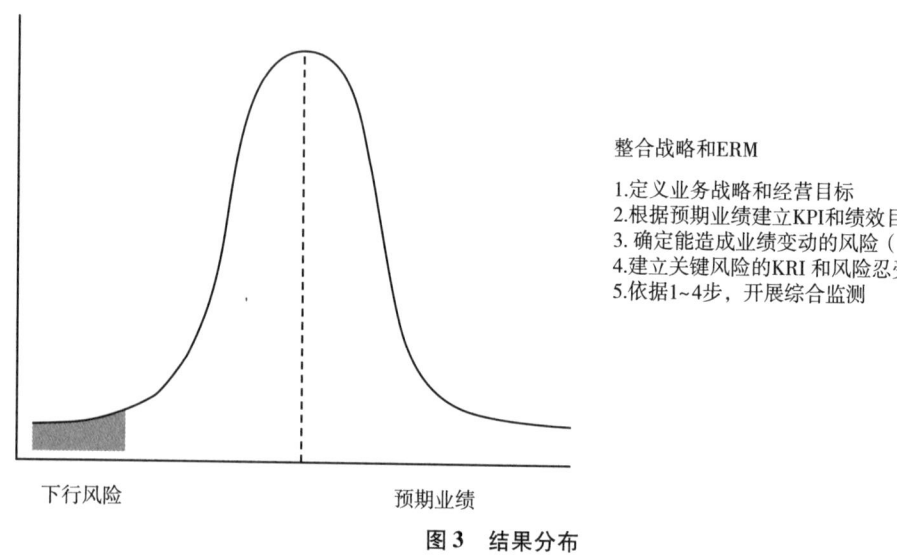

图 3　结果分布

这些专题研讨会应该在几个月的时间内陆续举行。在这一步骤结束之时，执行层发起人应该认可风险偏好初步指标的质量和风险容忍度的水平。

这些专题研讨会的主要目标是初步开发出一套 KPI 和 KRI，确定各自的绩效目标和风险容忍度。

某些拟指标可能非常宏大，因此风险责任人需要时间来制定信息。在下一步骤中，我们将利用小部分现有指标来制作一个 RAS 样稿并编写仪表盘报告。

（四）第 4 步：制作并推广 RAS 雏形和仪表盘报告；根据董事会和业务部门的反馈最终确定 RAS

在第 3 步所取得的成果基础上，团队可以编写一份 RAS 雏形文件，开展讨论并剔除重复流程。该文件应包括 RAS 框架、包含风险偏好指标的仪表盘报告以及具有定性描述和定量风险承受度的 RAS（如想了解相关详细信息，请参阅"六、风险偏好陈述书和指标示例"部分）。

执行发起人可利用该雏形文件来推广 RAS 样稿，通过企业和业务高管以及董事会选定成员（如风险和审计委员会的主席）获取意见和建议。根据管理层和董事会的反馈意见，团队就可以形成 RAS 最终框架和仪表盘报告。

（五）第 5 步：获得高管层的批准

在本阶段，RAS 已准备就绪供管理层讨论。高管团队应花时间深入讨论和审核 RAS。讨论可能会导致风险偏好陈述书、指标和（或）风险容忍度水平的变动和调整。一旦完成调整，RAS 将获得执行委员会或风险管理委员会的最终批准通过。

（六）第 6 步：获得董事会的批准

接下来，RAS 应接受董事会的审议并经历类似第 5 步的讨论和质疑流程。在该步骤中，一个关键目标就是建立一套简明的、与董事会层级的监督和报告工作相匹配的风险偏好指标和风险容忍度水平。风险委员会、审计委员会或整个董事会可以发布最终的批准结果。

（七）步骤 7：就 RAS 展开沟通，包括角色和职责

在获得管理层和董事会的批准后，组织应向全体人员传阅 RAS，这是因为每名员工都在风险管理中发挥着相应的作用，他们应该了解组织的整体风险偏好和容忍度。这种沟通交流应对风险责任的归属以及 RAS 架构实施工作中的角色和职责进行界定（详情请参见"四、角色和职责"部分）。

（八）第8步：审查和更新当前的业务计划和风险政策

理想情况是，RAS 与业务计划和风险政策的制定工作紧密联系在一起。商业世界是动态和不断变化的，RAS 必须顺应竞争环境、监管指导、风险调整回报机会以及组织风险状况和风险容量的重大变化。因此，RAS、业务计划和风险政策应该是"动态文件"，需要根据组织业务环境的重要变化定期予以审查和更新。

（九）第9步：持续监控和报告

为了让董事会和高管层对包括组织关键的风险敞口和集中度在内的 RAS 框架进行有效治理和监督，ERM 团队必须编写风险仪表盘报告并建立监控流程（请参阅"五、监测和报告"部分中 RAS 仪表盘报告示例）。

（十）第10步：进行年度审查和持续改进

除了定期审查以确保公司的风险偏好反映了业务环境的重大变化外，公司还应在每年对 RAS 进行至少一次的正式审查。这种正式的年度审查包括对 RAS 框架和风险容忍度水平的修改建议、与业务计划和风险政策的一致性以及管理层和董事会的批准。

此外，组织应持续寻找 RAS 框架改进机会。改进可能包括经济资本模型、压力测试和情景分析、技术解决方案和报告工具、更广泛的风险覆盖、异常管理计划以及战略和业务决策的整合（如想了解 RAS 框架的开发流程，请参阅"七、成熟度模型"部分）。

四、角色和职责

应该让组织中各个层级的关键利益相关者全面参与进 RAS 框架的制定、实施和更新过程。图 4 概述了业务单元、高管层以及董事会的主要角色和职责。为了执行风险政策，RAS 本身应该记录包括报告和异常管理流程在内的特定角色和职责。

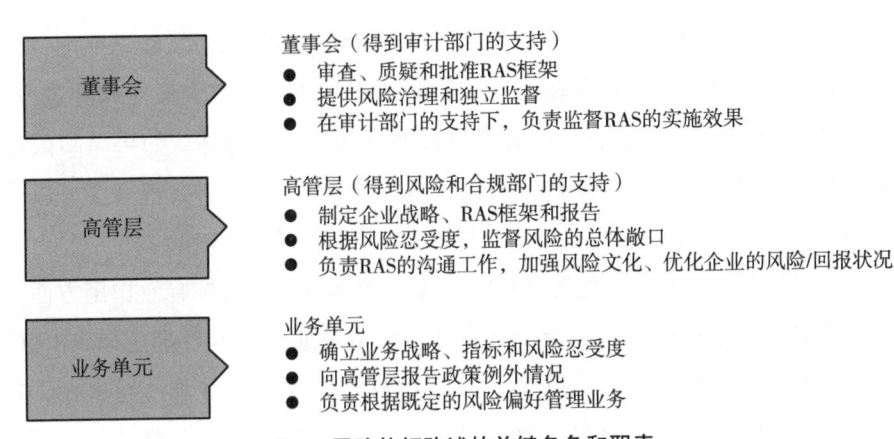

图 4　风险偏好陈述的关键角色和职责

"三道防线"模式提供了一个视角，通过这一视角组织可以查看 RAS 中界定的风险治理架构和角色：

（1）业务单元（第一道防线）对业务单元（如利润中心）或职能部门（如 HR 或 IT 等支持性职能部门）中潜在风险的衡量和管理工作负有的最终责任。实际上，它们是"风险责任人"。业务单元代表着第一道防线，因为它们最接近承担和缓解风险的活动。此外，在管理所面临的风险方面（包括潜在的商业影响），业务单元还掌握了第一手资料和经验。

对于前面第 3 步所讨论的专题研讨会，业务和职能部门负责人作为专题研讨会的积极参与者，还要负责确定业务战略，并与相应的风险偏好和风险忍受度匹配起来。一旦制定完成 RAS，他们必须向 CRO 和（或）高管层报告政策异常情况。在确定 RAS 中的风险容忍度的同时，业务单元和职能部门需要对业务单元和职能部门各自的业务和运营的表现承担最终责任。

（2）得到风险和合规职能部门支持的高管层是第二道防线，他们负责制定 RAS 框架并进行传达沟通。CRO（或类似职位）应该主导这方面的工作。在高管团队的协助下，CEO 负责制定企业的整体战略，并确保业务单元的战略与之保持一致。此外，高管层还负责界定企业层面的风险偏好和风险忍受度，并为董事会和其他利益相关者（例如评级机构、机构投资者）提供实时报告。

CRO 和 ERM 团队根据风险容忍度，负责开发工具，衡量和监测总体风险敞口。此外，他们还必须对任何风险忍受度违规情况进行企业背景分析、专家分析和成因分析。高管层对组织的风险/回报状况的优化情况、组织风险文化的氛围是否浓厚负有最终责任。

（3）得到内部审计部门支持的董事会（第三道防线）负责审查、质疑和批准 RAS 框架。一旦 RAS 框架确定，董事会的角色将转变为提供独立监督。这个持续的监督过程可由风险或审计委员会牵头。此外,如果发现风险敞口始终高于风险忍受度,或某个业务或职能部门未能展现强大的风险文化,风险或审计委员会有责任介入并进行处理。这些缺陷问题可能需要以"深潜"的方式进行调查和纠正。另外,如果风险限度和容忍度未被突破(如在较长一段时间内没有出现政策异常情况),那么董事会可以合理质疑 RAS 中的风险容忍度是否因定得过高或过低而未能发挥有效作用。

在确保 ERM 计划(包括了健全的 RAS 框架)落实到位且发挥有效作用方面,董事会承担最终责任。为了履行这项关键受托责任,董事会通常需要管理层以 RAS 仪表盘的形式,及时提供简洁有效的风险报告。这个仪表盘应清楚地标注那些超出相关容忍范围的风险指标(如通过"红色区域"加以显示),还应包括注释以解释政策异常的成因以及管理层的整改计划和相应时间表。

五、监测和报告

因企业商业环境、职能部门和组织层级的不同,RAS 监控的地点和时间范围也有所不同。例如,IT 可实时监控战术风险指标和警告信号,在其数据中心"作战室"内,IT 绩效和风险指标通过多个交互式屏幕显示出来。业务单元以及 ERM 职能部门可每周对关键业务和风险指标进行监控,而更为正式的做法是每月或每季度进行审查。高管层和董事会将根据委员会的时间安排表对 RAS 进行监督。

组织应构建有效的 RAS 仪表盘报告程序,以便在组织各个层级生成协调统一的报告。目标受众不同,指标的数量和类型也应有所不同。图 5 提供了一个 RAS 仪表盘报告架构的示例。仪表盘报告按照五个主要风险类别进行编制:战略/业务、财务、运营、合规和声誉。每个风险类别都制定了指标并分配了相应的风险容忍度或范围,而容忍度和范围则作为可接受风险敞口的限值或指引。组织应该对这些指标在过去四个季度的情况进行跟踪。

表 1 列示了一份具体的 RAS 仪表盘报告,其中每个主要风险类型都设置了具体的指标和容忍度水平。需要注意的是,RAS 原本是为了捕捉最为关键的风险,这一点非常重要。否则,RAS 就会过于庞杂,无法发挥有效作用。通过对最有用的风险指标进行精确定位,RAS 旨在为公司的风险概况提供整体、全面的观点。例如,它应该明确与短期及长期绩效的主要驱动因素相关联的 KRI,以便对潜在的不可接受的业务成果发出警告信号,并促使组织采取纠正措施。

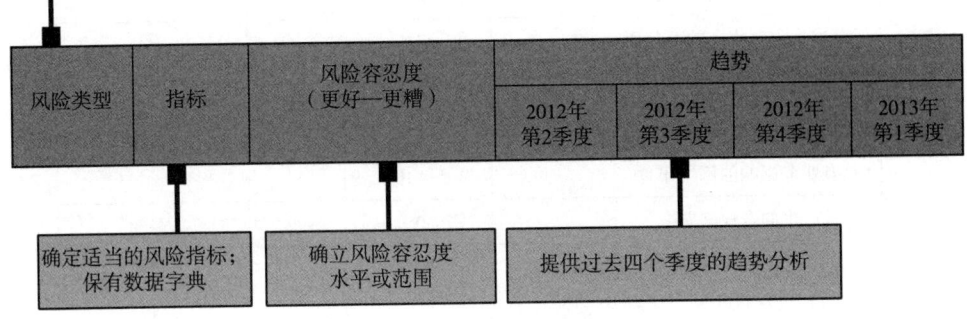

图 5　风险偏好的仪表盘结构

表 1　　　　　　　　　　　风险偏好的仪表盘结构

风险类型	指标	风险忍受度范围	趋势 2012 年第 2 季度	2012 年第 3 季度	2012 年第 4 季度	2013 年第 1 季度
战略/业务	净资产收益率（ROE）	10% ~ 15%				
	ROE-Ke（权益资本成本）	0 ~ 5%				
	市价/账面价值比率	1.0x ~ 1.5x				
	多元化效益	>20%				
	新增贷款增长（每季度）	5% ~ 8%				
	新增存款增长（每季度）	5 亿美元				
	1 级杠杆比率	>10%				
	收益异常波动	<20%				
信用、市场和流动性	贷款拖欠率（30 +）	0.5% ~ 1.0%				
	1 级资本的信贷集中度	<15%				
	利息净收入（NII）敏感性（1 年）	3% ~ 5%				
	EVE 敏感性（+100 基点）	6% ~ 8%				
	流动性覆盖率（90 天）	120% ~ 150%				
	金融风险政策和限制的重大例外	0				

续表

风险类型	指标	风险忍受度范围	趋势 2012年第2季度	2012年第3季度	2012年第4季度	2013年第1季度
运营	高风险经营控制问题的占比	<10%				
	经营损失占总收入的百分比	<1%				
	亏损交易量的占比	<2%				
	关键控制失效的占比	<5%				
	#具有业务影响的网络事件	5~10				
合规	#非常严重的合规问题	0				
	释疑谅解备忘录（MOU）/多边互认协议（MRA）项目的进展	>100%				
	合规领域被认定是有效的占比	90%~80%				
声誉	具有高成长潜力的核心管理层的保留率	>80%				
	员工满意度和敬业度	>90%				
	监管评级（骆驼评级法CAMEL）	1或2				
	客户满意度	>85%				
	#重大法律、道德和声誉事件	0				
	股票的5年累计收益与可比指数	>20%				

有效的 RAS 应以"分层"结构分别显示董事会、高管层、业务单元层级的风险敞口和限值。这种结构能够一路向下挖掘直至挖到深层的风险敞口（如"哪些业务活动构成了我们对中国的战略风险敞口"）。同样，这种结构能够积累业务层级的风险敞口，一路向上直至达到企业层级（如"就企业整体而言，我们相对于高盛的总净信用风险敞口如何"）。每个指标的具体可见程度取决于特定的受众（如董事会、企业管理层或业务单元）的需求。图6列示了组织三个层级的分层式风险偏好陈述书。如图6所示，在业务层级，RAS 最具活力，而管理者可根据风险/收益机会选择作出修改，同时尊重董事会和管理层层级的风险容忍度。

某些类型的风险指标可以很容易地在整个组织范围内累积，而其他风险指标则是具体业务和运营单元所独有的。由于董事会和高管层的 RAS 报告主要侧重于战略和企业整体风险，那些能够进行汇总的风险指标应该在此类报告中加以详细列示。这类指标包括：

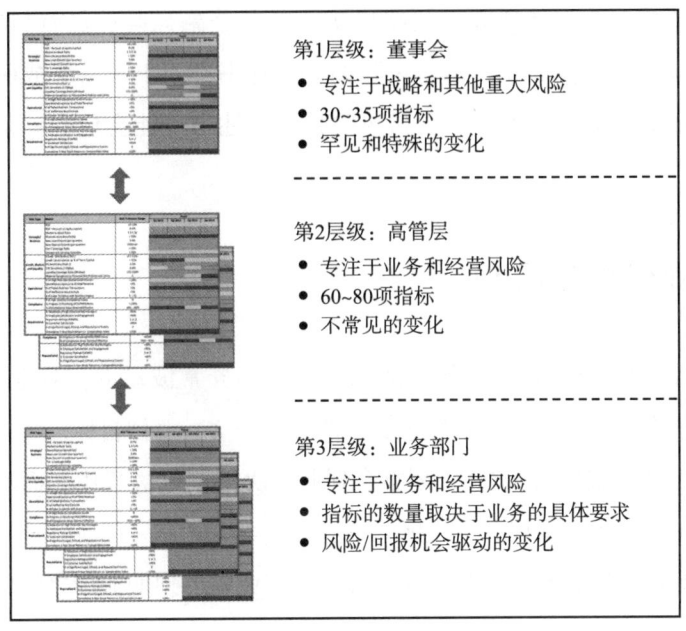

图 6　级联和动态风险偏好陈述

（1）以盈利为基础的指标，包括风险收益、异常的收益波动。

（2）以价值为基础的指标，包括股东增加值（value-added）和市价/账面价值比率。

（3）以损失为基础的指标，如实际损失、营运损失/收入比率、压力测试、基于场景的损失。

（4）以现金流为基础的指标，如在风险现金流和流动性覆盖率。

（5）金融风险指标，包括市场风险和信用/交易对手风险敞口。

（6）意外事件的数量，如政策例外、对业务造成影响的网络攻击、法律和监管问题。

（7）涉及关键利益相关者的指标，如优秀员工的保留率或客户满意度。

RAS 应为 ERM 计划提供一种"通用语言"，其中包括相关业务或技术术语的词汇表和缩略语，对每个风险指标加以阐述，说明其如何计算、基础数据的来源以及为何将其纳入 RAS。

六、风险偏好陈述书和指标示例

下文将针对不同风险类别提供风险偏好陈述书、绩效和风险指标以及风险容忍度水平的示例，包括企业整体风险、战略风险、财务金融风险、经营风险、法律/合规风险、声誉风险。为方便起见，每份风险偏好陈述书都附上了一个或两个指标和风险忍受度水平的示例。而在实践中，每份风险偏好陈述书可能会包含一系列风险指标和风险忍受度。

（一）企业整体风险管理

我们 ERM 计划的目标是最大限度地减少收益的异常波动并实现股东价值最大化。以下的风险偏好陈述书、指标和风险忍受度都服务于这一总体目标。

（1）业务目标。我们将 ERM 计划整合到业务决策制定过程中，而我们的风险缓解和管理战略旨在提高我们实现业务目标的可能性。

指标：对于我们最重要的战略目标而言，实际业绩与预期业绩之间的差额必须控制在 10% 之内。

（2）投资级债务评级。我们将保证资本充足率和债务保障率，以便从所有主要评级机构那里获得投资级别的评级。此外，我们将继续保有资本顺差和流动性储备，为未来增长提供助力，为经济的不确定性提供缓冲。

指标：从主要评级机构获得的债务评级至少达到投资级；多余资本和流动性需超过总需求的 15%。

（3）收益的异常波动。我们将开展在风险收益（事前）和收益归属（事后）分析，目标是将异常收益的方差控制在总收益方差的合理范围内。

指标：每月的收益异常波动（如意外来源引发的收益方差）需控制在总收益方差的 20% 以内。

（4）ERM 成熟度。我们将持续培养 ERM 能力，确保制定最佳的 ERM 计划。根据业务的规模大小和复杂性，我们计划在三年时间内从独立第三方处获得"优秀 ERM"的评价。

指标：ERM 三年路线图计划的完成情况，在月度跟踪报告中，具有里程碑性质的指标至少要实现 90%。

（5）风险文化。希望所有员工都了解与自身从事的业务活动相关的风险。每一位员工都有责任在风险偏好标准和风险忍受度范围内开展工作。

指标：风险文化年度调查结果需超过组织确定的目标水平。

（二）战略风险管理

我们力求实现业务组合的多样化，以减少宏观经济变化带来的风险。我们的业务单元只追求和开展那些与企业整体战略和既定核心竞争力一致的投资机会和商业交易。我们将加大营销力度，注重技术举措，以便显著提升客户体验。

（1）公司多元化。我们将围绕实现经济价值创造和多元化收益来制定增长战略（自然增长和并购所带来的增长）。

指标：多元化收益需超过30%。[①]

（2）战略一致性和核心竞争力的焦点。我们将专注于与整体战略和核心竞争力一致的商业投资。

指标：用于支持非核心业务的投资资金不得超过10%。

（3）客户体验。我们致力于通过线上和服务中心两种方式来提供卓越的客户体验。

指标：这两个渠道的客户满意度都要超过80%。

（4）风险调整后的盈利能力。我们将努力实现风险调整后的资本收益率（RAROC）超过权益资本成本（Ke），为总体业务和我们的股东带来正向经济利润。

指标：企业的RAROC至少要比Ke多2%。

（三）财务风险管理

我们承担财务风险是为了支持我们的核心业务。我们无法判断金融市场的发展方向，因此，也不会通过市场投机来创造收入。我们针对预期商业环境和受压商业环境，保守地管理我们的流动头寸。

（1）利率风险。我们的资金部门力求在董事会批准的范围内管理利率风险。

指标：假定利率出现100个基点的平行变动，它对收益产生的最大影响需控制在7%以内。

（2）信用风险。我们开展贷款业务要执行严格的贷款标准并秉持"了解客户"原则。

指标：净信贷损失需控制在平均贷款余额的1%以内。

[①] 多元化收益的一种计量方法就是在考虑业务单元相关效应的情况下，计算经济资本需求量的净减少额。换句话说，企业整体所需要的经济资本要少于其各个部门所需经济资本的合计数。

（3）流动性风险。我们对流动性头寸进行管理，以确保我们即使是在流动性压力测试下也能够满足我们的现金义务需求。

指标：在常规情况下，维持至少 200% 的流动性覆盖率；在受压情况下，维持至少 110% 的流动性覆盖率。

（4）套期保值有效性。我们使用衍生产品进行套期保值，绝不以投机为目的。我们只使用那些得到许可的衍生产品，且每笔对冲交易必须降低整体风险头寸的收益敏感性。

指标：对冲的有效性比率需超过 80%。

（四）经营风险管理

我们建立和测试内部控制系统，以检查、预防和降低经营风险敞口。每个业务单元必须按要求对自身的经营风险进行甄别和评估，确保这些风险得到有效衡量和管理。

（1）经营亏损。我们在整个组织范围内衡量经营损失，查明事故查明原因，降低风险，确保将损失控制在可接受的水平之内。

指标：所有业务单元的经营亏损/收益率都应该低于 1%。

（2）人才管理。我们努力建立和维护一个优秀的员工队伍，特别是培养和留住有发展潜力的员工。

指标：有发展潜力的员工的保留率需至少达到 90%。

（3）第三方供应商管理。我们依靠业务合作伙伴和第三方供应商来提供重要服务。我们力求尽量减少与高风险的第三方供应商建立联系。

指标：必须在一年时间内结束与高风险的第三方供应商的业务关系，或采取另一个可行办法，即全面测试应急计划并落实到位。

（4）IT 风险。我们对 IT 基础设施加以管理，确保系统的可用性和容量能够满足业务需求以及防范包括网络攻击在内的自然和人为威胁。

指标：具有重大业务影响的 IT 事件的数量每月不得超过 2 起。关键系统故障的恢复时间需控制在 1 小时以内。

（五）法律/合规风险管理

我们在所有法律法规允许的范围内开展业务。每位员工都有责任维护最高道德标准。

（1）职业道德政策。我们对违反公司道德政策的行为秉持零容忍态度。

指标：根据违规行为的严重程度，对违反我们公司道德政策的所有异常行为给予惩戒，处罚形式包括终止合同、奖金追回以及采取法律行动。

（2）公开的监管调查。公开的监管调查要控制在可接受的水平之内。

指标：主动的监管调查需少于 15 起。

（3）公开的法律新问题。公开的法律新问题的数量要控制在可接受的水平之内。

指标：每月公开的新的法律事项不超过 5 件。

（4）法律及合规成本。我们要控制用于解决法律和合规问题的直接成本，包括罚款、和解、处罚、外部法律和监管咨询费用。

指标：法律及合规的总成本每月不得超过 1000 万美元。

（六）声誉风险管理

声誉是异常宝贵的，每一位员工都有责任维护并切实提高公司的声誉。董事会、CEO 和高管人员需确保公司的声誉风险得到有效管理。

（1）客户角度。我们将提升客户在业务往来中的体验，及时有效地解决任何问题。

指标：在收到客户投诉的 24 小时内予以确认，并在 5 个工作日内解决合理的投诉。

（2）员工角度。我们将努力成为行业内的首选雇主公司，保持较高水平的员工满意度。

指标：员工满意度的年度调查结果需高于 90%。

（3）股东角度。我们将抓住回报机会，向股东提供丰厚的回报，创造大量的股东价值。

指标：与竞争对手相比，公司股票的表现需进入前 1/5。

（4）普通公众和媒体报道。我们将密切关注媒体、社交媒体和其他公共论坛上有关公司的报导，监测声誉风险水平。

指标：对于不能接受的商业行为、隐私侵犯以及与内部欺诈相关的头条新闻风险，我们秉持零容忍态度。

七、成熟度模型

公司通常需要花费数月时间来设计、建立雏形、开发、修改并最终确定第一版 RAS

框架。在过去几年中,金融服务行业的风险偏好陈述书的应用已经实现正式化,顶尖公司已开始实施第二代或第三代的 RAS 框架。①

随着 RAS 框架的制定和实施,组织可以通过 RAS 成熟度模型为重要基准的审查工作提供帮助。成熟度模型的目的是提供 RAS 实践的具体基准,以便企业能够自我评估其 RAS 框架的成熟度和发展机会。

下面的 RAS 成熟度模型将 RAS 框架的关键实施步骤分为四个阶段:

(一)第一阶段:定性 RAS,初级开发阶段

在第一阶段,组织定义 RAS 架构的范围和目标。该阶段的主要目标包括确定组织的 RAS 要求,获得董事会和高管层的支持,制定一个总体框架并规划 RAS 的实施工作。第一阶段的工作可能需要 2~3 个月的时间才能完成,该阶段的典型活动包括:

(1)研究监管要求和行业惯例;
(2)为关键的内部利益相关者提供培训;
(3)任命一个执行发起人,建立项目管理团队;
(4)与其他公司一起开展标杆管理练习;
(5)将 ERM 框架与 RCSA 流程结合起来;
(6)初步制定 RAS,主要包括定性风险偏好指引(低、中、高),不包括易于得到的定量财务风险指标和风险忍受度。

(二)第二阶段:定量 RAS,初/中级开发阶段

在第二阶段,组织已经完成了"制定风险偏好陈述"所概括的 10 个步骤中的大部分步骤或全部步骤,对董事会、高管层、业务单元三个层级的风险偏好陈述书、指标和风险忍受度进行了全面分析。第二阶段的工作可能需要 6 到 9 个月的时间才能完成,该阶段的典型活动包括:

(1)举办 RAS 专题研讨会;
(2)建立 KPI、KRI 数据库和报告流程以及各自的绩效目标和风险容忍度;

---

① 奥纬咨询和风险管理协会针对 65 家金融机构开展的联合调查显示,2/3 的受访机构已经着手实施其第二代或第三代风险偏好框架(www.rmahq.org,2014 年 1 月)。

（3）开发 RAS 总体框架；
（4）每月为董事会、高管层编写 RAS 仪表盘报告，内容包括评论和专家分析；
（5）根据董事会和管理层的反馈意见，合理设定风险偏好指标集；
（6）将业务目标、KPI、风险评估以及 KRI 整合起来。

（三）第三阶段：制定分级式 RAS，中级开发阶段

在第三阶段，组织进一步开发 RAS 框架，使之更具操作性，为企业带来更大的价值。一个关键目标是利用 RAS，为战术业务决策和运营决策提供信息支持。这个阶段的工作可能需要 9～12 个月的时间来完成，该阶段的活动包括：

（1）制定分层式的风险偏好陈述书，具备向下挖掘能力，可从第一层级（董事会）向第二层级（高管层）和第三层级（业务单元）挖掘；
（2）进行更广泛的风险覆盖，包括战略风险和声誉风险；
（3）有关风险缓解和例外管理的正式计划；
（4）将战术业务决策和运营决策结合起来；
（5）实施自动化的协同报告技术。

（四）第四阶段：动态 RAS，高级开发阶段

在第四阶段，重点工作是将 RAS 纳入战略和经营管理决策。因此，RAS 指标和报告能在组织范围内得到更广泛的传播。正是在这个阶段，业务决策中的风险/收益权衡能被更准确评估。第四阶段的活动主要包括以下方面：

（1）对业务单元的 RAS 进行动态调整以反映风险收益机会；
（2）将 RAS 与战略管理决策（战略制定和执行、资金和资源分配）结合起来；
（3）将压力测试和情景分析整合到 RAS 框架中；
（4）针对 RAS 指标的有效性建立反馈机制；
（5）将风险管理业绩与高管薪酬挂钩。

八、结 束 语

RAS 确立了一项得到了董事会批准的政策。该政策将组织的风险容忍度与战略目

标、风险状况和风险管理能力联系起来。RAS 是有效的 ERM 计划的基本组成部分。对于董事会、高管层、业务和运营人员而言，RAS 解决了一个核心问题：为了追求组织的经营目标，我们愿意承担多少风险？

本公告开篇首先介绍了风险偏好框架的重要组成部分，包括基本概念和定义。然后，讨论了实施步骤，定义了董事会、高管层、业务和运营单元的角色和职责。公告对组织不同层级的 RAS 指标之间的联系进行了探讨，以支持企业整体范围内的风险监测和报告。本公告以具体实例说明主要风险类别的 RAS 和风险容忍度。最后，本公告列示了一个 RAS 成熟度模型，帮助组织进行自我评估以便持续改进。

在商界，唯一确定的事就是不确定性。对致力于实现业务战略同时对所有重大风险都加以管理的组织来说，RAS 是一项必不可少的工具。一个强大的 RAS 能为所有员工确定战略重点和风险界限，在得到有效传达沟通的情况下，还能够对组织的风险文化产生深远的影响。

评论

通过风险偏好组合细化管理企业风险
——评《实施有效风险偏好》

李颖琦

随着企业交易业务和流程的不断多样化、商业竞争的持续加剧以及企业扩张过程中组织结构愈加复杂化,企业对管理会计的需求也更加紧迫。不同于财务会计,管理会计主要针对企业内部管理提供服务,重点是对企业经营管理中遇到的特定问题进行分析研究,以便向企业内部各级管理人员提供预测决策和控制考核所需要的信息资料。在企业风险管理(ERM)方面,本篇管理会计公告为董事会成员、企业高管以及为他们提供支持的风险、合规和审计专业人士提供了指引、最佳做法和实际案例,用以支持他们制定和实施有效的风险偏好陈述(risk appetite statement,RAS)框架。此外,本篇公告还提供了一个成熟度模型,以便帮助企业评估当前自身的 RAS 实施状况,为企业进一步发展提供有效基准。

作者詹姆斯·林(James Lam)作为风险管理咨询公司总裁,具有丰富的企业风险管理经验,其本人被客户和同行提名为世界顶尖的风险咨询顾问之一。基于丰富的实践经验,他从理论和实践两个方面展开介绍企业风险管理,针对企业风险管理如何在实际操作中得到良好落实,提出使用 RAS 工具的必要性:通过该工具可以对企业各个层级风险进行量化、分析和管理;为董事会、高管层、风险控制和监督职能部门以及业务和运营单元提供风险导向的决策信息;为所有员工确定战略重点和风险界限。实施全面风险管理对企业战略目标的实现至关重要,在企业风险偏好的指导下管理企业,能够为实现企业目标提供合理保证。

一、如何有效运用风险偏好陈述工具

企业风险管理的一个重要的组成部分就是建立关键风险矩阵、确定风险敞口限度以及开发治理和监督程序，以此保证企业整体风险维持在可接受、可控制的水平内。要满足这些要求就需要明确界定 RAS。而目前多数公司对于这种陈述的设定并未充分重视，这可能会引起企业与金融交易对手、业务合作伙伴以及宏观经济间存在的系统性风险等相关联的重大不利影响，承担较高经济损失。所以，在多变的市场环境下，制定风险偏好组合就显得尤为重要。

讨论1：RAS 概念导入及其框架结构

制定 RAS 时，需要对企业整体环境有足够的了解，并紧密契合业务战略的发展需求，通过定量方式对风险水平进行描述，从而较好地控制风险、调整业务绩效。

首先是需要确立风险偏好框架，包括用于建立、沟通和监控风险偏好的通用语言、政策、流程、系统和工具。企业在制定风险偏好框架时需考虑到风险容量、风险状况、风险调整收益、风险偏好、风险容忍度等核心构成要素。

其中，风险容量（也称为风险承受能力）代表了一个公司承受潜在损失的整体能力。在类似的风险状况和资本水平下，拥有更高风险管理水平的公司有着更大的风险容量。风险状况是指在某个特定时点（过去、现在或将来）组织风险的构成概况。风险状况应当与组织的商业模式和战略保持一致，组织当前的风险状况由其业务活动中包含的所有潜在风险来决定，而企业预测或目标风险状况可能还包括商业计划假设。风险调整收益为确定一个组织愿意承担多大的风险提供商业和经济理由，企业依据可能获得的收益补偿来衡量愿意承担风险的程度。风险偏好表示组织在积极实现其战略目标的过程中所愿意承担的风险种类和总体风险水平。风险容忍度常被视为风险偏好的同义词，但在实践中，两者区别很大。风险偏好是组织整体的风险承受水平，而风险容忍度是组织将其风险偏好分配到特定风险类型、业务单元、产品和客户群以及其他层级后再进行量化。因为风险容忍度更为细化，所以它是 RAS 框架中较为复杂和重要的一个环节。风险容忍度应始终与业务绩效衡量方式紧密联系，其具体确立方法依据不同组织可能有所不同。

讨论2：RAS 制定过程中需考虑哪些因素

企业在确立风险偏好框架后，可以依据自身情况制定风险偏好陈述。由于 RAS 最终执行受到组织的规模和复杂程度、业务运营、所处监管环境以及 ERM 计划成熟度的影响，因此在 RAS 制定过程中要对涉及因素进行综合考量。

这里需要考虑：（1）监管机构对企业的要求。企业在经营过程中是否符合相关法律、法规或行业标准至关重要。2018年被称为中国企业的合规年，因为国家相关部委出台了一系列制度文件，7月1日，国家标准《合规管理体系指南》正式实施；11月9日，国资委发布实施《中央企业合规管理指引（试行）》；12月31日，国家发展改革委等七部门发布《企业境外经营合规管理指引》。这为企业的合规管理提出了明确的导向与要求。（2）企业高管需明确对风险管理的"基调"，将RAS在风险管理的核心作用由上至下准确传达，并就RAS的具体制定开展专题研讨。明确企业的经营战略、绩效指标、风险评估流程和风险偏好，初步制定一套KPI和KRI，确定各自的绩效目标和风险容忍度，并将这些指标与RAS的制定相结合，保证战略与ERM的整合以及RAS框架中关键绩效指标和关键风险指标的一致性，为企业提供更佳的管理决策。（3）根据初步使用RAS后管理层和董事会的反馈意见，确立最终RAS框架和风险偏好指标的仪表盘报告。RAS的最终落地还需要经过高管层和董事会的批准，获批后监管层需要将RAS向全体员工传达，明确风险责任归属以及RAS框架实施工作中各员工的角色和职责。而且，需要注意的是，在RAS使用过程中要依照要求对其进行动态调整，认真编写风险仪表盘报告并建立RAS执行情况监控流程，每年度对RAS进行正式审核并不断改进RAS框架以适应企业发展需求。

讨论3：员工与监管层在RAS框架执行过程中的作用

RAS框架开发运用过程中涉及企业各个层级的员工，不同级别员工的工作内容和工作性质均有较大差异，因此在RAS框架开发时应让各层级的关键利益相关者全面参与其中，并明确各自职责，从而达到有效控制企业风险的目的。业务单元、高管层和董事会构成风险治理的三道防线，各自承担不同职责，对所负责工作范围内的风险进行衡量和控制，为企业良性运转保驾护航。有专家认为企业可依据经营风格和企业文化，构建与企业经营管理模式相适应的三道风险防线：第一道防线为相关职能部门和业务单位，它们是日常经营中最先与风险源接触的部门，是企业的窗口；第二道防线是根据企业管控模式，在条件成熟时设立审计与风险管理委员会，负责公司重大风险管理策略和解决方案的审核、颁布与监督；第三道防线为内部审计委员会及内部审计职能部门，主要负责对第一、第二道防线部门的工作进行事后稽核、审计和监察等。

讨论4：RAS信息传递中的仪表盘报告

由于企业商业环境、职能部门和组织层级的不同，RAS监控的地点和时间范围也有

商业估值

关于作者

IMA 在此向尼古拉斯·J. 马斯特拉基奥（Nicholas J. Mastracchio，CPA）博士表示衷心感谢，本公告正是基于他的研究成果。马斯特拉基奥博士从事估值和相关财务领域的研究。此外，还要感谢丹佛大学的休·格罗夫（Hugh Grove）博士担任本公告的审稿人，以及美国管理会计师协会的瑞夫·劳森（Raef Lawson，CFA，CMA，CPA）博士担任系列编辑。

一、引　　言

近年来，针对私营企业的估值成熟度已大大提高。许多专业组织制定了估值标准，同时针对私营企业进行估值的专业人员人数众多。你所看到的估值报告很可能就是按照这些专业标准编制的。制定专业标准的组织包括：

（1）美国注册会计师协会（AICPA）；

（2）美国评估师协会（ASA）；

（3）商业评估师协会（IBA）；

（4）美国注册价值分析师协会（NACVA）；

（5）加拿大注册商业评估师协会（CICBV）。

本公告旨在帮助读者熟悉估值报告所采用的方法并能够自行开展估值计算。

本公告详细介绍了如何对私营企业进行估值。首先讲述了不同估值原因下的各种前提条件和适用的价值标准；其次讲述的是在考虑任何估值方法之前都应进行的初步分析；再次阐述了常用的估值方法及其与估值目的的相关性；接下来讨论的是估值的微调过程，包括对可能出现的非正常经营项目所做的探讨；最后，审视不同估值方法结果之间的差异调整，并对估值报告内容进行了阐释说明。

进行估值首先要理解估值目的并选用相应的价值标准。然后，针对经济、行业和公司展开分析。在这一环节，我们需要考虑不同的评估方法并根据具体情况确定最适宜的方法。接下来，就是对财务数据进行标准化处理，根据新的所有者可能遇到的情况进行调整。随后，确定恰当的折现率和资本化率，在不同的方法中进行选择和应用，进而得出结论。在这一步，我们需要考虑折价和溢价因素，最后，根据资产过剩、资产不足以及非经营活动情况进行调整。

二、估值原因和前提

对私营企业进行估值的原因是多种多样的，包括实际兼并、收购和首次公开发行股票，但也可能包含很多公平交易范畴之外的原因。因此，企业的价值可能取决于估值报告的说服力。不构成公平交易的估值类型包括：遗产及赠与税评估、员工持股计划

(ESOP)评估、诉讼（包括股东行为）及公平分配行动。评估目的将决定所使用的价值标准。估值通常的前提条件是公司能够持续开展经营。如果不能，那么就要使用清算价值，而且通常采用资产法。

三、价值标准

估值共涉及四个价值标准，分别是：公允市场价值、公允价值、内在价值和投资价值。

（一）公允市场价值

公允市场价值通常用于商业估值。本公告文末提供了专业人员使用的标准估值术语。公允市场价值的定义是：在开放和没有限制的市场中，假设买卖双方在熟悉情况、自愿且有能力的条件下公平交易所达成的以现金等价物表示的资产价格。

（二）公允价值

公允价值是某些诉讼中使用的标准并在州法律中予以界定。例如，在美国的一些州，当涉及受压制的少数股东的行动时，对少数股东来说，不存在缺乏流动性折价的问题。此外，在许多情况下，一些州规定在股东行动之前，价值是由所有者掌控和决定的。例如，如果没有签署非竞业协议，医生的单项外科手术可能没有任何公允市场价值可言。然而，在一些州，当涉及离婚诉讼的公平分配问题时，价值就可能掌握在外科医生的手中，因而具有显著价值。

（三）内在价值

内在价值是个人投资者根据可以获取的事实得出的真实价值。通常，内在价值不能用于独立估值。

（四）投资价值

投资价值是基于个人投资者的需求和状况确定的价值。当某项并购交易对某个特定投资者产生的协同价值可确定时，投资价值就有可能发挥作用。这一点对个人投资者具有重要意义并可能致使投资者愿意为目标公司支付高于其他人认定的公允市场价值的对价，但这并非目标公司的公允市场价值。

四、估值分析

价值从理论上可被定义为未来收益的现值。为了得出现值，必须确定收入流和回报率。估值中所采用的比率是基于投资者在购买企业时所承担的风险来确定的。为确定风险，评估师必须了解一般的、行业的经济状况及其对特定公司的影响。

（一）总体经济因素

总体经济前景以及特定地区的经济前景会对估值产生不同程度的影响，这取决于业务的性质以及对经济状况的敏感度。

我们可以通过政府渠道来了解经济状况，如美国人口普查局网站上的数据——美国事实调查和统计摘要、总统经济报告、美联储公告、经济分析局报告和美国商务部网站。此外，一些商业机构有时也会提供收费信息。这些机构包括企业价值评估资源（Business Valuation Resources）、美世资本管理公司（Mercer Capital Management）、穆迪评级公司（Moody's）、美国注册价值分析师协会（National Association of Certified Valuation Analysts）等。此外，还有很多关注经济问题的报纸、简报和期刊。

评估师必须确定哪些经济事实会对被评估公司的相关风险产生影响。在某些情况下，当地的经济状况是最为重要的因素；而在其他情况下，国家经济状况是非常重要的因素。企业的规模、客户的地理分布、竞争对手的性质以及产品来源都会产生相关影响。

（二）行业经济因素

行业评估对于任何商业估值来说都是重要因素。评估可通过企业自有的方法或认可程度更高的结构性方法来进行。其中一个得到广泛认可的方法就是迈克尔·波特的五力模型①，该模型指出一个行业受到五大力量的影响：竞争程度、新进入者的威胁、替代产品威胁、客户的议价能力与供应商的议价能力。

1. 竞争程度

竞争程度即针对行业竞争状况进行的分析。在衡量行业的竞争强度时，我们需要考虑几个因素。行业内公司的集中度是很重要的因素。美国人口普查局以表格形式列出了一些行业的集中度数据，最近一次是在2002年，列出了排名前4、前8、前20、前50名的企业的集中度。如果在某个行业，公司的集中度不高，那么，竞争往往更趋激烈。缓慢的市场增长也会加剧竞争。无法将设备转为其他用途，意味着公司不得不继续留在行业内，这一点也会加剧竞争。通常，与竞争者产品之间存在的较低的差异性如出一辙，大量小企业的存在也具有加剧竞争的倾向。如果固定成本高，企业更倾向于将其分摊到更多的产品上，这也会增加竞争。

2. 新进入者的威胁

新进入者的威胁也是需要考虑的因素。存在市场进入壁垒时竞争较少，存在高利润时会吸引更多竞争者并导致利润率下降。需要考虑的因素包括：启动成本和资金需求量、专利、许可、区域权利或其他限制、不能转作他用的专用资产、品牌忠诚度以及分销渠道的获取。

3. 替代品的威胁

客户转而寻求替代品的能力也是需要考虑的风险。替代品价格为行业设定了价格的竞争上限。

4. 客户的议价能力

客户的议价能力包括压低售价、要求提供更多服务或者更高品质的能力，这是需要考虑的另一个因素。如果行业的客户具有很强的议价能力，他们就能压低价格，要求获得更高品质，或提供更多服务。需要考虑的因素包括：市场份额或产品份额集中度、产品的标准化以及客户的经济状况。

---

① Michael Porter, *Competitive Strategy: Techniques for Analyzing Industries and Competitors*, Free Press, 1998.

5. 供应商的议价能力

公司的供应商也可能对行业产生影响。一些需要考虑的因素包括：供应商的集中度、购买者的集中度、供应商的转换成本、行业的向上整合和生产供应能力、供应商的向下整合能力。

（三）公司分析

不管是否开展了特定的波特五力分析，我们都需要了解行业风险。在了解了行业所面临的经济状况之后，评估师现在可以针对目标公司应用这些因素，并结合公司内在的特定风险因素对其进行估值。需要考虑的因素包括通过财务报表和财务分析获取的信息，包括预测和比率、通过实地考察来评估的管理水平、产品质量以及客户满意度等非定量信息。

1. SWOT 分析

通过 SWOT 分析关注公司经营的关键领域。SWOT 分析是一种评估公司目标的方法，描述了公司在实现其目标时所面临的优势、劣势、机会和威胁。因此，SWOT 分析有助于确定公司的投资风险。

2. 历史财务分析

历史财务信息除了可作为竞争对手可用信息的比较工具之外，还可用于确定企业的发展趋势。分析性复核程序通常用来对结果、以前年度的数据、预测和行业统计进行比较。历史财务信息应该尽量回溯，来捕捉行业的商业周期。通常需要使用至少 5 年的历史数据。如果公司运营状况已发生显著变化，那么出现变化之前的历史信息的有用性可能会打折扣。"税则59-60"建议使用 5 年数据，请见附录1[①]。

3. 标准化

历史信息只有在着眼于未来经营时才是有用的信息。所以必须先进行标准化处理。标准化处理会考虑关联交易、非经常性项目和非经营性项目。

---

① Rev. Rul. 59-60, 1959-1 C. B. 237.

（1）关联交易。

大多数私营企业的所有者身为企业管理者，会试图尽可能少地缴纳企业的税款。这一点往往是通过关联交易实现的，交易的货币金额不能代表非关联交易所需支付的对价。这类交易可能包括薪酬、福利、租金、内部交易、差旅费和招待费、慈善捐款和贷款条款等。在私营企业中，所有者和关联方的薪酬可能与非关联方完成类似工作所获得的报酬相差甚远。除了将利润进行再投资以满足企业的资本需求外，企业很少保留盈余，而是在支付相关税费之后，以股利形式发放给所有者。相反，如果公司属于 S 型公司，则会尽可能少地支付报酬以减少工资的相关税费。年迈的父母可能也在工资发放名单之列，或者在上大学的亲戚得到了一份报酬丰厚的暑期职位以贴补家用。如果公司经营状况不好，所有者支付给自己的报酬可能少于支付给第三方的报酬。因此，确定非所有者或与之相关人员的劳务报酬永远是非常重要的。

确定合理报酬的来源包括行业协会数据、美国劳工统计局的年度职业手册以及网站提供的信息，如为大多数职业提供不同区域、行业、工作年限或销量薪酬数据的经济资源研究所。

福利也可能向企业所有者及其关联方倾斜。如果某项福利只适用于关联方而非类似职位的其他人员，就很可能需要在标准化过程中予以消除。

另一个考虑事项是退休福利。在某些情况下，私营企业的所有者可能制定仅有利于当前所有者、却不能在所有权变更中存续的退休计划。在这种情况下，我们应该进行调整以反映标准的退休方案或者将退休计划予以取消。美国政府劳工统计局的网站可以提供福利成本数据，行业协会也可能发布此类数据。

在很多私营企业中，经营使用的不动产不属于企业所有，而属于单独的关联方，后者将房产租赁给企业使用。这就需要对非市场水平的租金进行调整。评估报告可以提供市场租金水平。如果没有评估报告，还可以通过房产税评估报告和均衡利率来测算房产的价值。不动产专业人士能够提供该地区商业地产的现行回报率。

差旅费和招待费通常也是需要进行标准化的项目。所有者经常享受这些福利，而在类似情况下，这些福利不会提供给所有者以外的员工。

如果存在关联方借款或贷款，我们可能需要进行标准化处理。这些贷款通常未执行市场利率，因此应予以调整。如果这些贷款并非为满足企业经营需要或是应重新划归为权益的投资，那么我们也许需要抵消此类贷款。

（2）异常交易。

没有企业会因过去的业绩而具有价值。只有在能预测未来结果的情况下，历史数据才能发挥作用。如果过去发生的交易预计不会再次发生,那么,我们应消除该事件产生的相关结果。这既包括了美国公认会计原则中规定的非经常性项目,也包括了在技术上不属于非经常性项目但仍然不具有可预测性的事项。

(3)非经营活动。

对于私营企业而言,参与不同企业经营或非经营性活动并不鲜见。企业可能需要分拆为两个不同的业务分部,然后再将估值合并。举一个广为人知的税务方面的案例,维托·埔柱(Victor Borge)所有的一家公司既为他的音乐演出提供售票服务,又饲养洛克·考尼什(Rock Cornish)鸡。因此为了对这家公司进行估值,就需要将其业务分拆。也许更为常见的是,私营企业拥有非营运资产,如有时对外出租的海滨别墅、一架私人飞机或者非企业经营必需的其他资产。这些资产需要与营运分别进行估值。

(4)会计应用。

会计方法也可能需要做出调整。之所以采用行业更为常用的会计方法,其中原因之一就是可以与其他企业或行业平均水平进行比较。有时公认会计原则趋于保守,不能反映真实的经济情况。例如将研发支出全部费用化。而有时可能需要对不符合公认会计原则的情况进行调整,例如低估存货。

(5)针对收入流征税。

当标准化的税前营业利润确定之后,下一步就是考虑税收。这里涉及纳税中间实体的问题。如果公司属于此类中间实体,可以将形成的所有收益"传递"给所有者,因而可通过避免对股利的二次征税来获利。获利程度可通过C型公司企业税与股息税的总额与S型公司股东税费之间的差额来衡量。这项比较优势在2003年有所减少,因为,股息和资本利得税率从普通收入税率下调至15%。受益程度的大小取决于企业向所有者分配收益的能力。

表1列出了S型公司所享受到的好处,公司承担的企业所得税税率为39%,股息税

表1　　　　　　　　　　　　　　S型公司效益　　　　　　　　　　　　单位:美元

项目	C型公司	S型公司
税前盈利	200000.00	200000.00
公司税	78000.00	—
剩余金额	122000.00	200000.00
股东分配	122000.00	200000.00

续表

项目	C 型公司	S 型公司
股东税（15%/35%）	18300.00	70000.00
流向股东的现金	103700.00	130000.00
资本化价值（NCF/CR）	518500.00	650000.00
S 型公司受益	131500.00	

税率为 15%，个人所得税税率为 35%，资本化率（CR）为 20%。该表显示年收益为 20 万美元的 S 型公司能够将 13 万美元的收益分配给股东，而 C 型公司只能分配 10.3 万美元。假定按照 20% 的折现率来计算折现价值，获利总价值为 13.15 万美元。

五、估值方法

与其他专业标准一样，美国注册会计师协会（AICPA）的《估值准则第 1 号》(*Valuation Standard No.1*) 认为，评估师应当考虑三种最为常用的估值方法：基于收益资本化的方法、基于市场的方法以及基于资产的方法。

（一）基于收益资本化的方法

在对持续经营的私营企业进行估值时，最为常用的方法为基于收益资本化的估值方法。其中包括了几种具体的方法，如现金流折现法、收益资本化法、现金流资本化法和超额收益法。所有这些方法都旨在计算未来收益的现值。因此，这些方法需要确定折现率和资本化率。而折现率和资本化率可通过使用累加法或资本资产定价模型来确定。

1. 使用累加法来确定折现率

在下列情况下，累加法常用于确定中小规模企业的折现率：中小规模企业不适用于采用上市公司的贝塔系数或者认为有必要将各种相关风险进行附加或拓展。

该方法的计算公式如下：

$$R_e = R_f + ERP + R_s + R_c$$

其中，

R_e——公司的预期收益率；

R_f——无风险的收益率；

ERP——股权风险溢价；

R_s——规模溢价；

R_c——公司特定风险。

第一个要素是无风险的收益率。估值假设前提是企业能够持续开展经营。因此，我们通常将估值日的 20 年期国债利率作为无风险收益率。

累积法的第二个要素是股权风险溢价。最近，这一因素的确定一直引发争议。从历史上看，股权风险溢价以前是根据《股票、债券、票据和通货膨胀年鉴》（*Stocks, Bonds, Bills and Inflation*，SBBI）发布的数据来测算的，目前则是由晨星公司（Morningstar）公布，被用作适当的股权风险溢价。罗杰·格拉博夫斯基（Roger Grabowski）质疑这一比率过高，通过道衡公司（Duff & Phelps，D&P）的《风险溢价报告》（*LLC Risk Premium Report*）或是晨星公司可以获得罗杰·格拉博夫斯基的估计数值。一些评估师继续使用 SBBI，而其他评估师则使用 D&P，二者之间的差异通常在两个百分点以内。

一些学术论文对股权风险溢价的使用提出了质疑，声称历史比率在市场上并未得到明确的反映。这种说法未被评估师接受。

规模溢价认为投资小规模上市公司存在的风险较大。规模溢价也可通过 SBBI 查找。在十分位排位中，评估师通常采用排在第九和第十位的公司所对应的溢价。

我们并没有考虑上市公司的特定风险，即非系统性风险。市场并不会将这一风险纳入考虑因素，因为精明的投资者会通过多样化投资来分散风险。但是，就投资私营企业而言，投资者通常没有机会实现多样化投资。一个投资者拥有 30 家不同的私营企业股权的情况并不常见。

目前，在估计公司的特定风险或非系统风险时，我们没有经验数据可供使用，所以，这很大程度上依赖于评估师的判断和经验。评估师通常会考虑下列因素：

（1）管理深度；

（2）管理专业知识；

（3）获取资本；

（4）杠杆；

（5）波特的五项威胁；

（6）产品多样化；

（7）地区分布；

（8）人口；

（9）可用的劳动力；

（10）员工稳定性；

（11）经济因素；

（12）固定资产的使用年限和状况；

（13）分销体系；

（14）位置；

（15）技术风险；

（16）社会文化风险；

（17）政治风险；

（18）全球风险；

（19）规模。

一些评估师为每个相关项目分配一定的分值，而其他评估师则添加"加号"或"减号"并给出一个总数。

累加法到这一步即能确定折现率。为了确定资本化率，我们从折现率中减去预计增长率。表2举例说明如何使用累加法，其使用20年期国库券利率、Ibbottson风险数据、各项特定风险数据并假定增长率为3%。

表2　　　　　　　　　　　　收益资本化率确定方法

无风险利率：		
长期政府债券利率		4.7
股权资本溢价：		
不同的大型公司股票及政府债券		7.2
小型公司溢价：		
不同的大型公司和小型公司股票		4
小型上市公司汇总		15.9
特定风险因素：		
缺乏管理深度	1.5	
新进入者的威胁	0.5	
不利法规的威胁	0.5	
特定风险汇总		2.5
净折现率		18.4
减：增长率		-3.0
净资本率		15.4

2. 使用 CAPM 确定折现率

确定折现率的另一种方法是使用资本资产定价模型（CAPM），该方法衡量公司相对于市场整体的波动性（β）。

CAPM 的计算公式如下：

$$R_e = R_f + \beta(R_m - R_f)$$

其中，

R_e——公司的预期收益率；

R_f——无风险收益率；

β——公司的贝塔系数；

R_m——市场整体收益率，通常以总体的市场指数来表示，如标准普尔500指数。

私营企业不具有公开市场，因此无法获取 β 值的信息，通常情况下我们以行业 β 值替代。首先确定一组上市公司，然后计算它们的 β 值。如果公司的规模不够大，无法找到情况相似的上市公司，那么就不能采用这种方法。[①]

3. 在加权平均资本成本的计算中使用这一比率

在许多情况下，少数股东持股企业的杠杆利用未达到最佳状态。在某些企业中，所有者可能非常积极进取，使用高杠杆率，且通常以个人名义提供担保；而在其他企业中，所有者可能表现得非常保守，债务融资量很少或没有。不管是哪一种情况，都应考虑采用加权平均资本成本（WACC）来确定公司的价值。

这种方法会估算一个合理的资本结构比例并考虑债务和股权各自的比重。WACC 的计算公式如下：

$$WACC = k_e W_e + k_d [1-t] W_d$$

其中，

k_e——普通股的成本（股权折现率）；

W_e——普通股在资本结构中的占比；

k_d——债务的税前成本（国债利率）；

t——税率；

[①] Shannon Pratt, with Alina Niculita, *Valuing a Business The Analysis and Appraisal of Closely Held Companies*, New York: McGraw Hill, 2007, p. 220.

W_d——债务在资本结构中的占比。

如果使用 WACC，我们需要去掉利息费用并确定投入资本市场价值（MVIC）；而后，有必要从中扣除需支付利息的债务，从而确定股权的价值。

4. 收益资本化

在假定收入流可持续并对固定增长率作出预估的情况下，我们可用折现率减去增长率从而获得一个资本化率。这一做法是对戈登模型（Gordon model）的调整。我们可通过该模型来确定股票价值。

$$V = \frac{E}{k-g}$$

其中，

V——公司价值；

E——下一年收益；

k——股权投资者所要求的回报率；

g——增长率（永久性）。

5. 折现现金流

如果每年已做出了预测并确定了具体数值，就需要用到折现率，因为每年的预测值中已经考虑了增长因素。从理论上讲，折现现金流（DCF）方法是最合适的估值方法。

第一步是确定未来几年的现金净流量（自由现金流），我们通常以 5 年为限。

净利润
+折旧/摊销
+／－运营资本的减少或增加
－资本支出
―――――――――――――
＝现金净流量（自由现金流）

在预测期结束之际，计算未来现金流量在当期的数值（终值），其类似于收益资本化。

DCF 的计算公式为：

$$DCF = \frac{fcf^1}{(1+r)^1} + \frac{fcf^2}{(1+r)^2} + \cdots + \frac{fcf^n}{(1+r)^n}$$

其中，

DCF——折现现金流；

fcf——某年的自由现金流；

r——折现率；

n——最后的计算年限。

表3举例说明了如何应用折现现金流估值法。该例子使用了五年的预测收入来计算终值，所使用的折现率为16.6%，资本化率为12.6%。我们可以通过两种方法来确定终值。最常用的方法是将持续现金流的资本化，这一方法也受到了绝大多数商业评估师的青睐。投资银行家则使用市场乘数这一方法，而某些评估师将市场乘数作为一项测试指标。如果折现计算涉及的是股本回报，那么，我们也可以使用一些相关衡量指标，如市盈率（P/E）乘数。如果该方法采用的是整体资本，那么，我们可以采用息税前利润（EBIT）或息税折旧摊销前利润（EBITDA）这类相关衡量指标。虽然从理论上说，折现现金流是最为完善的方法，但它同样需要一套完善的预测数据。不确定性产生的影响是确定预测数据的风险因素之一。然而，在某些情况下，我们不太可能使用单一数据，而是使用一系列数据。我们对每个结果的出现概率进行评估，而后利用概率分布来确定所预测的折现现金流。与此相似，在不太精确的计算方式下，我们可以使用最好的情况、较糟糕的情况以及最可能发生的情况得出一个加权平均结果。我们还应考虑进行敏感度分析，以确定假设条件的变化对估值的影响。

表3　　　　　　　　　　　　折现现金流　　　　　　　　　　　单位：美元

项目	2009年	2010年	2011年	2012年	2013年	终期
预计净收益	998200	1048110	1205327	1386125	1497016	1497016
折旧	232000	232000	232000	232000	232000	232000
资金需求	(175000)	(180000)	(180000)	(200000)	(220000)	(220000)
营运资本需求	—	—	—	(100000)	(100000)	(60000)
预计现金流	1055200	1100110	1257327	1318125	1409016	1449016
现值	977205	873752	856449	770037	705947	
终值						
资本化率						12.60%
终值						11500123
现值						4941519
价值（现值的总和）			9124909			
减：缺乏市场性的20%			1824909			
估计价值			7300000			

如果许多小型私营企业未针对经营情况做出预测，则无法使用该方法。

6. 超额收益

另一种基于收益的方法是超额收益法。该方法是使用两个比率来资本化公司的收益，一个是有形资产回报率，另一个是对超过资产（商誉）回报的收益部分使用更高的比率。这种方法考虑了公司的资产价值，因此通常被称为一种混合方法。这一方法采用了资本化率并将其划分为不同的风险评估数和比率，其中一个针对有形资产形成的收益，另一个针对商誉形成的收益，如下面公式所示。

$$V = \frac{E_a}{R_a} + \frac{E_g}{C_g}$$

其中，

V——企业的价值；

E_a——归属于资产回报的收益；

R_a——适用于净有形资产收益的资本化率；

E_g——超过资产回报的收益；

C_g——适用于商誉收益的资本化率。

最为常见计算公式如下：

$$V = \frac{E - AR_a}{C_g} + A$$

其中，

V——小型企业的价值；

E——该公司调整后的收益；

A——该公司的有形资产净值；

R_a——适用于净有形资产收益的资本化率；

C_g——适用于商誉所的资本化率。

表4举例说明了如何应用超额收益法。在本例中，资产收益率确定为8.6%，商誉的资本化率为27.4%。在资产为14595602美元的情况下，收益为1255222美元，实际收益为4431829美元，超额收益为3176607美元；在资本化率为27.4%的情况下，形成的商誉价值为11593456美元，总价值为26189058美元。

表 4　　　　　　　　　　　　超额收益

净资产（美元）	14595602
资产回报率（%）	8.60
预期回报（美元）	1255222
实际收益（美元）	4431829
超额收益（美元）	3176607
资本化率（%）	27.40
商誉（美元）	11593456
总价值（美元）	26189058

（二）基于市场的方法

另一种常见的评估方法可划归为基于市场的方法，并可进一步细分为三类：同一公司内部出售股票、相似的私营企业出售股票以及具有指导性的上市公司（如果公司的规模够大的话）。

1. 同一公司内部出售股票

同一公司内部出售股票听起来是个不错的方法，然而，实际情况可能不是这样。由于强制出售，或是受到内部协议的限定，抑或其他类似导致价格扭曲的原因，股票可能未按公允市场价值交易。此外，当我们试图确定整个公司的价值或控股股东权益的价值时，股票出售可能只涉及少数股东权益。与此相反的情况可能也是真实存在的。评估师可能试图评估少数股东权益的价值，但股票出售只涉及控股股东权益。最后，我们还需要考虑时间的远近。上一期发生的股票交易，当再次发生时，经济状况已经有所不同。

2. 同类公司出售股票

我们也许可以获取同类私营企业的股票出售数据，也许还有数据库可以利用。如果能够获取充足的数据，在确定一个公司的价值时，这些信息能够发挥作用。我们很难确定一个交易的所有方面是否都得到了披露。例如，交易双方可能签署了一份包含了优惠条件的咨询协议，但在交易中却未能得到反映。此外，在公司的实际相似性方面可能会存在一定的问题。例如，处于不同市场的同类公司可能面对着不同的经济因素。从事特许经营的企业可能具有更好的可比性，如快餐企业。此外，这些公司的实际业务同样具有类似的特性。各类数据库可提供用于私营公司相互比较的数据。丹·迪尔斯（Done-Deals，www.donedeals.com）可提供中型市场全面的交易数据，其中大约一半的交易额在 1500 万美元以下，一半在 1500 万美元以上；大约 79% 的交易涉及私营公司。商业评估协会（IBA）的"市场数据库"（www.go-iba.org）是具有指导性的最大的交易数据库，估值对象是中型企业和小型企业。该数据库包含 30300 多项私营企业的出售信息，涉及超过 725 个 SIC 代码行业。IBA 成员可免费访问该数据库。（Pratt's Stats®，www.bvmarketdata.com）包含了 1990 年至今，大约 11500 家私营企业的详细买卖信息，交易价格从不到 100 万美元至 166 亿美元不等。

3. 指导性公司

最后，在对公司进行估值时，我们或许可以找到与该公司具有类似风险因素的上市公司，挑选标准是设法找到过去具有相同经营模式、未来面临相同风险因素的公司。虽然理想状态是找到一个非常接近的公司，但这并不是必需的。除了参照处于相关行业、面临同样风险的公司外，我们还可以参照同一行业的公司。因此，生产休闲车装配零部件的公司可能与实际生产汽车的公司，而不是与生产汽车装配零部件的公司，具有更相似的风险。

如果使用指导性公司进行估值，我们需要考虑以下因素：

（1）公司性质；
（2）经营相似性；
（3）地理位置相似性；
（4）人口统计特征相似性；
（5）所有权转让比例。

使用指南型公司进行估值意味着我们随后必须决定使用哪些价值指标。通常，这些指标都是反映收益的不同数字，也许是资产负债表上的几个数字。与是否使用 WACC 的决定类似，评估师必须决定是使用投入资本市场价值（MVIC）还是使用权益资本市场价值（MVE）。

MVIC 的定义是投入企业的全部资本的价值，包括股权投资和债权投资。由于私营企业的性质，估值公司的财务杠杆可能与指导性公司不太一样。在这些情况下，MVIC 是较好的衡量指标，所使用的收入数据为扣除利息费用前的收入。所使用的指标包括：

（1）息税前利润（EBIT）；
（2）息税折旧摊销前利润（EBITDA）；

（3）销售额；

（4）扣除债务的现金流；

（5）投入资本的账面价值。

通常，评估师会选用那些彼此联系最为紧密的因素。某些评估师会使用变异系数来判断关系。

$$C_V = \frac{\delta}{\mu}$$

其中，

C_V——变异系数；

δ——标准差；

μ——均值。

因此，具有最低变异系数值的变量具有最小的离散度。

在使用 MVIC 确定公司价值后，必须将计息债务从中扣除，以确定股权权益价值。

如果公司的债务股权结构与指导性公司类似，那么比较适合去计算权益资本市场价值。如果利息不能改变公司的杠杆情况，那么，评估师或许也能恰当地确定少数股东权益。使用 MVE 时需要考虑的因素包括：

（1）税前净收入；

（2）税后净收入；

（3）销售额；

（4）现金流量；

（5）净资产账面价值。

我们可以通过多种来源搜寻指导性公司，如通过美国证券交易委员会（SEC）网站获取 SEC 年报（10-K）申报资料；而雅虎财经等商业网站也提供了补充数据。此外，还可以通过一些订阅性网站获取资料，如 Mergent Online，该网站拥有 1.5 万家在纽约证券交易所（NYSE）、美国证券交易所（AMEX）、纳斯达克（NASDAQ）交易的上市公司的数据库，可实现全面搜索。而标准普尔公司会计数据库（Compustat）提供的公司数据可按 SIC 代码进行搜索。

在使用指导性公司这一估值方法时，评估师仍然可以根据标准化要求、规模和非系统性风险来进行适当调整。既然公开交易的股票仅涉及少数股份，如果要对控股股权进行估值，评估师则应考虑控制权溢价问题。

例如：评估对象为一家制造公司，并为其确定了 4 家指导性公司。评估师采用

MVIC 进行评估，所使用的因素包括销售额、EBITDA 和净资产，乘数和变异系数也纳入了计算。表 5 列出了经过计算得出的数据结果。

表 5　　　　　　　　　　　　　参考数据

参考公司	投资资本市值/销售收入	投资资本市值/税息折旧及摊销前利润	投资资本市值/净资产
A	0.29	6.26	0.68
B	0.90	9.72	1.94
C	1.24	11.04	4.35
D	0.79	10.32	2.91
中位数	0.84	10.02	2.43
标准差	0.39	2.12	1.55
变异系数	0.49	0.23	0.63

基于以上阐述，评估师决定分别赋予 EBITDA、销售额以及净资产 60%、25% 和 15% 的权重，并以此来确定公司价值。此外，根据估值对象公司风险加大的情况，确定了 20% 的折现率，并采用了 15% 的控制权溢价。表 6 列出了价值计算的全过程。

表 6　　　　　　　　　　　　参考数据　　　　　　　　　　　单位：美元

因素	投资资本市值/销售收入	投资资本市值/税息折旧及摊销前利润	投资资本市值/净资产	合计
乘数	0.84	10.02	2.43	
公司	5000000	450000	2000000	
价值	4200000	4509000	4860000	
权重	60%	25%	15%	
价值	2520000	1127000	729000	4376000
风险折价为 20%	(504000)	(225000)	(146000)	(875000)
净值	2016000	9020000	583000	3501000
控制权溢价为 15%	302000	135000	87000	524000
投资资本市值	2318000	1037000	670000	4025000
减：公司减债务				(725000)
估计价值				3300000

（三）基于资产的方法

第三类评估方法的基础是资产。由于资产方法不涉及商誉，在绝大多数情况下，评估师根据收益资本化或市场方法来确定经营公司的价值。在这些情况下，资产方法可用作底线价格或最低价值。

1. 经营资产价值

如果公司能够持续开展经营，则可以使用资产的经营价值。其假设前提是该公司能够持续经营，但没有商誉，且以公司的账面价值为出发点。由于 GAAP 允许同时使用公允价值和历史成本，评估师需要做出一些调整，让所有价值都按公允价值来反映。此外，这种方法或许可以提供超额收益计算所需的信息，在这种情况下，需要将非营运资产和负债单列出来。在使用这一方法时，我们还应考虑内在增益问题。也就是说，当公允价值超过账面价值时，相关资产面临征税风险或无法享受税收抵扣。对于 C 型公司而言，如果出售资产，相关的内在增益必须纳税。这是一个具有争议的问题，美国国税局（IRS）不愿意减少 C 型公司的纳税额，相比而言，税务法庭对 C 型公司更为宽容。S 型公司、合伙制企业等纳税中间实体的存在让这个问题变得更加复杂。S 型公司通常会确认内在增益，但合伙制企业能得到一个更高的税基，如果选用这一税基，它们通常不用考虑与内在增益有关的税费。

少数股东权益是另一个需要考虑的因素。由于他们无法让公司出售其资产，所以在对少数股东权益进行估值时，通常不会采用这种方法。

此外，还需要考虑各种调整。

流动资产最容易调整为公允价值，在绝大多数情况下，GAAP 提供了公允价值金额。如果公司使用了其他综合会计准则，评估师或许需要针对坏账准备金等事项做出调整。根据 GAAP 规定，持有至到期的证券可以不按公允价值反映，所以可能也需要调整。存货先进先出法通常最能反映存货的公允价值。

厂房、房产和设备的价值通常未按公允价值计量，如果涉及的金额巨大，则需要进行评估。如果涉及的金额不大，使用合理使用年限和非加速折旧法来对折旧进行调整能够得出一个可以接受的公允价值估计数。

其他资产可能还需要进行单独的评估，这取决于它们的性质。负债通常按照公允价值反映。但是，我们可能需要使用市场利率对关联方贷款进行调整，以反映其公允价值。

2. 清算价值

另一种资产计量方法是清算价值。这种方法不适用于持续经营的企业,但或许适用于持续经营存在疑问的公司。

六、折价和溢价

不管使用什么方法来确定价值指标,折价及溢价通常都是私营企业需要考虑的一个因素。市场流通性和控制权是最常见的问题。其他需要考虑的因素包括与关键高管流失和受困资本利得税有关的折价。此外,还有一个控制权溢价的问题。

(一)缺乏市场流通性的折价

并不存在一个普遍认可的方法来计算缺乏市场流通性的折价。已使用的方法有两种,一种是基于受限制股票的研究,而另一种是首次公开发行(IPO)。

1. IPO 研究

Emory 研究团队在 1980 年至 2000 年开展了一系列研究,比较了 IPO 之前的股票交易价格与 IPO 发行价格,发现折价中位数为 47%。威廉姆特管理协会(Willamette Management Associates)针对 IPO 交易开展了多年研究,并在网站上发布了相关研究结果。[1]

2. 受限制股票研究

1971 年,美国证券交易委员会(SEC)发布了一份针对受限制股票价值的研究报告,研究覆盖的时间范围为 1966~1969 年,发现折价中位数为 25.8%。[2] 米尔顿·葛曼(Milton Gelman)对四家封闭型投资公司进行了研究,这些公司在受限制股票上均有大量投资。[3]

---

[1] http://www.willamette.com/.
[2] Security and Exchange Commission, *Discounts Involved in Purchase of Common Stock* (1966 – 1969), *Institutional Investor Study Report of the Security and Exchange Commission*. Government Printing Office Document No. 92 – 64, Part 5, pp. 2444 – 2456.
[3] Milton Gelman, "An Economist-Financial Analyst's Approach to Valuing Stock of a Closely-Held Company," *Journal of Taxation*, June 1972, pp. 353 – 354.

上述研究的平均值和中位数为33%。威廉姆特管理协会研究了发生在1983年的33笔交易，发现折价中位数为31.2%。[1]

1969~1973年，迈克尔·马赫（Michael Maher）对受限制股票进行了研究，他确定的折价中位数为33%[2]。Robert Trout 在同一时期开展的研究也得出了相似的结果。他研究了1968年到1972年之间的交易并确定了33%的折价平均数。[3]

在 AICPA 发表的《商业评估方法》（*Business Valuation Methods*）一文中，作者艾伦·S. 泽普（Alan S. Zipp）这样写道："根据经验，在一般情况下，法院通常认可的缺乏市场流通性的股票的折价范围为15%至50%，平均值接近35%。"

泽普还写道："1992年6月版的《婚姻法月刊：公平分担》（*Fairshare, The Matrimonial Law Monthly*）对多项研究进行了总结，这些研究分析了上市证券与受限制证券之间的平均折价。除了缺乏市场流通性这一点，这些受限制股票在其他所有方面都与上市公司的自由交易股票毫无差异。这些研究包括美国国会的《证券交易委员会机构投资者研究报告》（*Institutional Investor Study Report of the Security Exchange Commission*）和几项个人研究。这些研究得出的缺乏市场性的股票的平均折价为25.8%到45%。"[4]

文章引用了罗伯特·W. 佰德和柯（Robert W. Baird & Co）开展的两项研究。这两项研究比较了非公开股票交易所涉及的公司与那些随后公开发售股票的公司。研究结果表明，1980~1981年，因缺乏市场性而导致的折价为60%；1985~1986年，为43%。1980~1981年，折价中位数为66%，而1985~1986年，这一数字为43%。

这篇文章指出，"然而，相当多的证据表明，相较于上市公司公开交易的股票，私营企业的股票的市场流通性折价平均数在35%~50%，其中未考虑那些可能降低这一折价的特殊情况。"[5]

3. 控制权益

虽然针对少数股东权益的市场流通性折价更高，因为他们无法就出售公司做出决定，但控制权益也存在市场流通性折价。一个真正具有市场流通性的股票是指股票持有

---

[1] Shannon Pratt, with Alina Niculita, Valuing a Business: *The Analysis and Appraisal of Closely Held Companies*, New York: John Wiley, 2007, p. 425.

[2] Michael J. Maher, "Discounts for Lack of Marketability for Closely Held Business Interests," *Taxes*, Sept. 1976, pp. 562-571.

[3] Robert R. Trout, "Estimation of the Discount Associated with the Transfer of Restricted Securities," *Taxes*, June 1977, pp. 381-385.

[4][5] Alan S. Zipp, Business Valuation Methods, AICPA, 1993.

者能够通知经纪人立即卖出、并在 3 天时间内取得现金的股票。显然，私营企业的控制权益不可能实现这样的销售转让。肖恩·普拉特（Shannon Pratt）指出："我们最常见到的三个基数是：（1）控制权收购价值；（2）公开交易股票的价值；（3）净资产价值。控制权益因缺乏市场流通性而导致的折价就是以这些基数为基础进行扣减的。"①

法院也针对控制权益因缺乏市场流通性而导致折价发表了意见。在 Andrews 地产一案中，法院是这样陈述的：

"少数股东折价的目的是反映股票因不具有私营企业的控制权而对价值进行打折。而另一方面，与缺乏市场流通性相关的折价旨在反映这么一个事实，即私营企业的股票没有一个现成的交易市场。虽然这两个折价可能有一些重叠之处，因为缺乏控制本身也会降低市场流通性，但我们应该牢记的一点是非上市公司的控股股东也会遭遇市场流通性缺乏问题，这是因为缺乏一个现成的私募市场，以及公司若想实现其股票的公开发售，发行成本是不得不面对的一个事实。"②

在 Dougherty 地产一案中，法院允许净资产价值 35% 的折价，这一决定针对的是 100% 的权益，是使用净资产价值来进行评估的。"因缺乏市场流通性以及所涉及的运营和清算成本，给予 35% 的折价。"③

（二）缺乏控制权的折价

当评估涉及的是无法控制公司活动的权益时，评估师采用缺乏控制权折价是合适的。虽然公开交易的每一股股票也缺乏控制权，但这个问题对于少私营企业更为重要，因为某部分权益会具有控制权。

在确定缺乏控制权折价时，评估师需要考虑多种因素。在美国的一些州，价值标准十分重要。例如，在纽约州，如果受压制的少数股东采取了一项行动，公允价值的确定需要扣除缺乏控制权折价。当采用指导方法来确定价值时，评估师需要针对缺乏控制权的股票完成相关计算。肖恩·普拉特发表的一项研究采用了控制权溢价数据来确定缺乏

---

① Shannon Pratt, *Business Valuation Discounts and Premiums*, New York: John Wiley & Sons, 2001, pp. 168 - 169.

② Estate of Woodbury G. Andrews, Deceased, Woodbury H. Andrews, Executor, Petitioner v. Commissioner of Internal Revenue, Respondent 79 T. C. 938; 1982 U. S. Tax Ct. LEXIS 12; 79 T. C. No. 58.

③ Estate of Albert L. Dougherty, deceased, Allen L. . Dougherty and Charlotte K. Dougherty, co-executors, Petitioner v. Commissioner of Internal Revenue, Respondent T. C. Memo 1990 - 274; 1990 Tax Ct. memo LEXIS 292; 59 T. C. M. (CCH) 772; T. C. M. (RIA) 90274.

控制权折价，得出的折价幅度在 24.3%~25%。① 房地产控股公司开展了一项研究并计算得出折价中位数为 34.8%。②

1. 关键人员折价

在一些规模较小的私营企业或高科技企业中，存在这样一种可能性，如果企业所有者拥有企业赖以依靠的技能但却未能积极参与企业经营，那么该企业将处于一个非常不利的境地。这可能是由专有技术知识或所有者与客户之间的关系所引发的。如果没有这些个人，在确定非系统性风险时就应考虑相关风险，或单独应用关键人员折价。评估师需要考虑替代此类人员的难度以及公司的备选方案。

目前，针对这类折价的数量研究还不是很多。一项研究分析了公司公告高管人员变动时的股价变化，得出的结论是小型上市公司股票价格有 8.65% 的跌幅，而规模较大的公司的跌幅为 4.83%。

法院所允许的这类折价比例的差异悬殊。有的法院允许 25% 的折价，而有的只允许 10%③。还有法院认为所采用的预测数据已经考虑了这一因素，因而不允许再进行折价。④

2. 控制权溢价

与缺乏控制权折价相比，控制权溢价有更多的实证资料可供参考。可根据这二者的反向关系来推导出折价，关系式如下：

$$M = 1 - \left(\frac{1}{1+P}\right)$$

其中，

M——少数股权折价；

P——控制权溢价。

如果评估的权益不能达到法律或者合同规定的绝大多数投票权，那么溢价会被削

---

① Shannon Pratt, with Alina Niculita, *Valuing a Business The Analysis and Appraisal of Closely Held Companies*, New York: McGraw Hill, 2007, p. 404.
② Peter J. Patchin "Market Discounts for Undivided Minority Interests in Real Estate," *Real Estate Issues*, Winter 1988, pp. 14-16.
③ Estate of Milton Feldmar v. Commissioner, T. C. Memo 1988-429. Estate of Paul Mitchell v. Commissioner, T. C. Memo 1997-461.
④ Estate of James J. Riener v. Commissioner, T. C. Memo 200-298.

弱。此外，其他合同因素也会减少控制权溢价，包括董事会的任命方式，股东协议限制股票的买卖或赠与，或者各州法律针对受压制少数股东制定的法律法规。

肖恩·普拉特之前发布的研究数据实际上是控制权溢价在 16.7%~33.3% 的插值。①

3. 受困资本利得

净资产评估方法对受困资本利得进行了讨论。其他评估方法同样需要考虑这一问题。事实上，购买者不愿意按公允市场价值购买一项资产，因为这项资产不能以公允市场价值作为计税基础进行折旧。如果预计出售资产，那么用实际的资本利得税来调整比较合适。即使没有预计出售资产，我们也需要采用一种替代方法来确定因无法进行折旧而导致的税收收益损失的现值。

七、估值结论

当评估工作推进到这一步，评估师采用不同的评估方法得出了不同的结果，现在他们需要对这些结果进行汇总并针对不同结果进行调整。评估师可能会倾向于认为某种方法最具说服性，并决定使用这种方法所确定的价值。另一种情况是，评估师认为应该采用多种方法，并比较决定哪种方法比其他方法更具说服力。评估师也可以对各种方法得出的数据进行加权平均，这种方法能够提供一个公司经营价值的预估值。评估师可能不得不针对非营运资产和负债以及多余或资本化不足的经营性资产来调整这一价值。

八、估值报告

评估报告具有几种类型。最为常见的类型是详细报告，它属于全面综合报告，能够提供充足的信息，让读者了解评估师开展了什么工作以及是如何得出结论的。此外，也可以对综合报告加以浓缩，浓缩版报告也称为摘要报告。另外，评估师也可以根据客户的要求，使用假定性假设来执行某些计算。如果用于诉讼和行政诉讼，报告内容可能会

---

① Shannon Pratt, with Alina Niculita, *Valuing a Business The Analysis and Appraisal of Closely Held Companies*, New York: McGraw Hill, 2007, p. 392.

有所不同。我们将在下文根据 AICPA 的标准对综合报告内容、摘要报告以及计算报告进行讨论。

（一）详细报告

1. 引言部分

详细报告可以以一份转送函开头，而后紧跟引言部分。引言部分包含充分的信息，让读者了解业务内容，其中包括确定客户、评估目的、评估基准日以及评估对象；如果涉及部分权益，则说明控制程度、市场流通性信息、价值标准、范围限制、所使用的假设以及所借助的专家。

2. 信息来源

信息来源在第二部分中予以详细说明，内容包括实地考察以及访谈对象。这部分还描述了可用的财务信息。如果注册会计师查看了报表，则需要注明是审计、审阅或汇编。如果信息来自纳税申报，那么应注明报税人。

3. 经济分析

第三部分是报告经济状况。如果宏观经济会对公司造成影响，则应包含整体经济情况分析。这部分还包括行业分析和公司分析。对公司进行定性描述，内容包括公司背景和发展历史、产品和服务、人口统计信息、客户和供应商、新进入者的威胁、技术风险、环境风险、监管风险、社会文化风险以及全球性风险。此外，这部分内容还可能包括公司的战略计划、员工组成和股东的明细信息。与此同时，也可对公司进行定量描述。在通常情况下，还需提供多年的财务报表，同时针对销售和利润趋势发表意见，并提供流动性比率、盈利比率、活动比率和杠杆率。

4. 标准化

接下来，第四部分将根据财务分析和评估对象涉及的所有者权益描述进行标准化调整。标准化需考虑关联交易、非经常性项目、非经营项目以及针对所应用的会计基础做出的调整。

5. 估值方式和方法考虑

通常在第五部分讨论所考虑的评估方式和方法。

6. 采用的估值方法

第六部分将对所采用的评估方法进行讨论，内容涉及使用不同方法计算得出的预估价值。任何适当的折价或溢价也将得到应用。

7. 其他因素

第七部分将讨论其他调整。公司可能缺乏经营性资产，拥有过多的经营性资产或涉及非营运资产或负债，这些情况都需要在这部分予以说明。多余资产被视为非营运资产。在出售交易中，所有者有时可能保留现金或其他资产。如果为了正常经营，公司需要替换这些资产，那么，价值中应扣除替换成本。非营运资产和负债不包括在经营价值的计算中，而公司的整体价值应将这些项目纳入其中并做相应调整。

8. 计算调整

报告通常会针对不同方法所确定的价值之间的差异发表评论。这也将反映所使用的各种方法的说服力。此外，还要针对价值发表最终意见。

9. 陈述

报告还要包括评估师所做陈述和结论以及负责人的签名（无论单列或是同报告其他信息一起列示）。

10. 假设和限制条件

假设和限制条件要么在单独部分予以列示，要么列在附录中。假设和限制条件通常会讨论信息源的可靠性、任何使用限制、收费独立于结论这一事实、披露相关专家情况，并说明评估师并不负责该报告的更新。

11. 评估师背景介绍

应简要介绍评估师的背景和资历。

（二）摘要报告

也可签发摘要报告。与详细报告相比，它的内容没有那么全面，或仅限于客户使用。该报告将包括综合报告的以下内容：

(1) 引言；
(2) 客户说明；
(3) 估值目的；
(4) 估值对象；
(5) 估值涉及的时间段；
(6) 报告日期；
(7) 目标用户；
(8) 控制程度；
(9) 市场流通性；
(10) 所使用的价值标准；
(11) 范围限制；
(12) 专家；
(13) 信息来源；
(14) 财务信息；
(15) 经济数据；
(16) 行业数据；
(17) 其他经验数据；
(18) 所使用的估值方式和方法；
(19) 收入法；
(20) 市场法；
(21) 资产法；
(22) 评估师的陈述；
(23) 所遵循的专业标准；
(24) 假设和限制条件；
(25) 仅限于按预定目的来使用本报告；
(26) 价值结论。

（三）计算报告

评估师同意按照客户的要求做一些计算。由于评估师没有决定应执行何种程序，所以这项业务并不包括价值结论，并限于客户内部使用。这与公认审计准则中的执行商定程序业务相似。该报告包括以下内容：

(1) 引言；
(2) 客户介绍；
(3) 计算的性质；
(4) 任何假设条件；
(5) 报告日期；
(6) 目标用户；
(7) 专家；
(8) 计算值汇总；
(9) 工作范围；
(10) 评估师的陈述；
(11) 所遵循的专业标准；
(12) 假设和限制条件；
(13) 任何使用限制。

（四）口头报告

也允许采用口头报告形式，但评估师可能不愿意接受，因为会存在误解风险。陈述应具有包容性，涵盖研究、分析、评估方法、结论、假设和限制条件等关键领域。

九、估值国际术语表

为促进估值行业发展、保障客户利益，加强和保证商业估值的质量，以下团体和组织采用了本术语表的术语定义。

(1) 美国注册会计师协会（American Institute of Certified Public Accountants，AICPA）；

(2) 美国评估师协会（American Society of Appraisers，ASA）；

(3) 加拿大注册商业评估师协会（Canadian Institute of Chartered Business Valuators，CICBV）；

(4) 美国注册价值分析师协会（National Association of Certified Valuation Analysts，NACVA）；

(5) 商业评估师协会（The Institute of Business Appraisers，IBA）。

商业估值服务需要娴熟地应用各种技能，它要求评估专业人士能够以清晰的和不具误导性的方式陈述过程和结论，这是专业人士的职责所在。整个估值行业只有统一应用定义明确的专业术语，才能履行上述职责。

如果，商业估值专业人士认为，他们需要使用一个或多个此类术语，但其定义与以下定义存在重大差别，那么，我们建议根据该术语在估值业务中的实际应用来定义其含义。制定该术语表的目的是给商业估值从业人员提供指导，进一步强化知识体系，在此基础上胜任估值工作，谨慎地确定价值，特别是陈述价值的确定过程。偏离该术语表，并不意味着会引发民事责任，也不应被推定为未尽职。

账面价值调整法（adjusted book value method）：属于资产法类别，这种方法将所有资产及负债（包括资产负债表表外项目、无形资产和或有事项）调整为公允市场价值（注：在加拿大，这一方法要以持续经营为基础）。

净资产调整法（adjusted net asset method）：请参见账面价值调整法。

评估（appraisal）：请参见估值。

评估方式（appraisal approach）：请参见估值方式。

评估基准日（appraisal date）：请参见估值基准日。

评估方法（appraisal method）：请参见估值方法。

评估程序（appraisal procedure）：请参见估值程序。

套利定价理论（arbitrage pricing theory）：一个多变量模型，用于估计权益资本成本，其中包含数个系统性风险因子。

资产（基于资产的）方式 [asset (asset-based) approach]：一种通用方式，使用一种或多种基于净资产价值的方法来确定企业、企业所有者权益或证券的价值。

贝塔（beta）：用于衡量股票系统风险的指标；反映股票价格与特定指数变化的关联性。

大宗股票折价（blockage discount）：从公开交易股票的当前市价中扣除的数额或百

分比，以反映由于股票份额过大，基于正常交易，无法在合理的时间内出清，从而造成大宗股票每股价值的下降。

账面价值（book value）：请参见账面净值。

企业（business）：请参见工商企业。

工商企业（business enterprise）：从事经济活动的商业、工业、服务或投资实体（抑或它们的组合）。

经营风险（business risk）：除财务杠杆以外的其他任何其他因素引发的所有造成企业在实现预期回报上存在的不确定性的程度。请参见财务风险。

商业估值（business valuation）：为确定工商企业价值或所有者权益价值而采取的行动或采用的程序。

资本资产定价模型（capital asset pricing model，CAPM）：在该模型中，任何股票或股票投资组合的资本成本等于无风险利率加上与市场系统风险成比例的风险溢价。

资本化（capitalization）：将单一期间的经济收益转换为价值。

资本化因子（capitalization factor）：将单一期间的经济收益转换为价值的乘数或除数。

收益资本化法（capitalization of earnings method）：属于收益方法的一种，用单一期间的经济收益除以资本化率从而转换为价值。

资本化率（capitalization rate）：将单一期间的预期经济收益转换为价值的除数（通常以百分比表示）。

资本结构（capital structure）：工商企业的投入资本中，债务和股权融资的结构。

现金流（cash flow）：资产、资产组合或企业在一段时间生成的现金，在通常意义上，它包括各种特殊定义的现金流量。在使用这一术语时，应当加上修饰语（例如，"可支配"或"经营性"），并根据给定的估值情况补充具体定义。

共同百分比报表（common size statements）：以财务报表的每一项目占总数的百分比来表示。在资产负债表中，每一个项目表示为总资产的占比；在损益表中，每个项目以占营业收入百分比来表示。

控制权（control）：在工商企业管理和政策制定上的控制能力。

控制权溢价（control premium）：在工商企业中，因具有控制权，导致控制权益价值超过非控制权益价值的金额或百分比。

成本法（cost approach）：一种通用方法，通过量化替代单项资产未来服务能力所需的资金来确定资产的价值。

资本成本（cost of capital）：为特定投资吸引资金，市场要求的预期回报率。

无负债（debt-free）：我们不鼓励使用这一术语。请参见投入资本。

缺乏控制权折价（discount for lack of control）：从工商企业100%权益中按比例享有的股权价值中扣除的金额或百比，以反映缺乏部分或全部控制权的情况。

缺乏市场性折价（discount for lack of marketability）：从所有者权益的价值中扣除的金额或百分比，以反映市场性的相对缺乏情况。

缺乏投票权折价（discount for lack of voting rights）：从具有投票权的少数股东权益的每股价值中扣除的金额或百分比，以反映投票权的缺乏情况。

折现率（discount rate）：将未来的货币总额转换为现值的回报率。

现金流折现法（discounted cash flow method）：属于收益法的一种，利用折现率将未来预期净现金流转换为现值。

未来收益折现法（discounted future earnings method）：属于收益法的一种，利用折现率将未来预期经济收益转换为现值。

经济收益（economic benefits）：指营业收入、净利润、净现金流等经济要素流入。

经济寿命（economic life）：指资产可带来经济收益的时间段。

生效日期（effective date）：请参见估值基准日。

企业（enterprise）：请参见工商企业。

权益（equity）：在扣除所有负债之后，所有者享有的财产权益。

股权净现金流（equity net cash flows）：在为工商企业在弥补经营资金、必要的资本投资以及增加或减少债务融资之后，能以股利形式分配给权益所有人的可用现金流。

权益风险溢价（equity risk premium）：超出无风险利率的那部分回报率，以反映权益工具相对于无风险工具所存在的额外风险（是权益资本成本或权益折价率的一部分）。

超额收益（excess earnings）：资产（通常是指净有形资产）的预计经济收益超过其必要回报率的那部分金额。

超额收益法（excess earnings method）：用以确定企业、企业所有者权益或证券价值的特殊方法，其价值是以下二者的总和：（1）通过超额收益资本化所推导出的资产价值；（2）选定资产本身的价值。此外，该方法也常用于无形资产估值。请参见超额收益。

公允市场价值（fair market value）：在开放和没有限制的市场中，假设买卖双方在熟悉情况，自愿且有能力的条件下公平交易所达成的以现金等价物表示的资产价格（注：在加拿大，"价格"这一术语应该用"最高价格"术语来代替）。

公允性意见（fairness opinion）：从财务的视角出发，判断一项标的物的交易是否公允。

财务风险（financial risk）：因财务杠杆造成企业在实现预期回报上存在不确定性的程度。请参见经营风险。

强制清算价值（forced liquidation value）：一项或多项资产为尽快成交而形成的清算价格，如通过拍卖等形式形成的价格。

自由现金流（free cash flow）：我们不鼓励使用这一术语。请参见净现金流。

持续经营（going concern）：能持续开展业务的企业。

持续经营价值（going concern value）：持续开展经营活动的能力的价值。训练有素的员工、具有运转能力的工厂以及必要的许可证、系统和程序等都是持续经营价值的无形构成要素。

商誉（goodwill）：由名称、声誉、客户忠诚度、地理位置、产品以及其他无法单独辨认的类似因素所形成的无形资产。

商誉价值（goodwill value）：归属于商誉的价值。

指导性上市公司法（guideline public company method）：属于市场法的一种，根据从事相同或相似业务的公司在自由开放市场中进行活跃交易的股票的市场价格来推算市场乘数。

收益（基于收益的）方式［income（income-based）approach］：一种通用方式，使用一种或多种方法将预期经济收益转换为单一的现值，进而确定企业、企业所有者权益、证券或无形资产的价值。

无形资产（intangible assets）：不具有物理形态的资产，如特许经营权、商标权、专利权、著作权、商誉、股权、采矿权、证券和合同（有别于实物资产），它们赋予企业权利或特权，为所有者带来价值。

内部回报率（internal rate of return）：使未来的现金流量的现值等于投资成本的折现率。

内在价值（intrinsic value）：投资者根据评估或可资利用的事实，认为当其他投资者得出相同结论时，能够成为市场价值的"真正"或"现实"价值。当该术语应用于期权时，它是指期权行权价格与标的证券市场价值之间的差异。

投入资本（invested capital）：工商企业权益和债务的总和。债务通常为所有计息债务或长期计息债务。在使用这一术语时，应当根据具体的估值情况补充具体定义。

投入资本净现金流（invested capital net cash flows）：在为工商企业满足经营资金、进行必要的资本投资后，能以股利形式分配给权益所有人和以本金、利息形式分配给债务投资者的可用现金流。

投资风险（investment risk）：实现预期收益的不确定程度。

投资价值（investment value）：基于投资要求和期望，能给特定投资者带来的价值[注：在加拿大，这一术语为"能给所有者带来的价值"（value to the owner）]。

关键人员折价（key person discount）：从所有者权益价值中扣除的金额或百分比，以反映企业因失去某个关键人员而遭受实际或潜在损失所造成的价值减少。

有杠杆的贝塔（levered beta）：反映了包含债务的资本结构。

限制性评估（limited appraisal）：为确定企业、所有者权益、证券或无形资产价值而采取的行动或采用的程序，但其分析、流程或范围均存在限制。

流动性（liquidity）：将资产快速变现或偿还债务的能力。

清算价值（liquidation value）：企业终止经营时，在其资产分散出售的情况下，能够实现的净值。清算可以是"正常有序的"或"强制的"。

多数控制权（majority control）：因占据多数地位而具备的控制程度。

多数权益（majority interest）：在一个企业中拥有50%以上投票权的所有者权益。

市场（基于市场的）方式［market（market-based）approach］：一种通用方式，使用一种或多种方法将对象与已出售的相似企业、企业所有者权益、证券或无形资产进行比较，进而确定企业、企业所有者权益、证券或无形资产的价值。

权益市值（market capitalization of equity）：公开交易股票的价格乘以流通股股数。

投入资本市值（market capitalization of invested capital）：权益市值加上债务部分的市场价值。

市场乘数（market multiple）：公司的股票市值或投入资本市值除以公司的衡量指标（如经济收益、客户数量）。

市场流通性（marketability）：能以最低的成本将资产快速变现的能力。

市场流通性折价（marketability discount）：请参见缺乏市场流通性折价。

并购法（merger and acquisition method）：属于市场法的一种，根据开展相同或相似业务的公司出售其重大权益的交易来推导定价乘数。

期中折现（mid-year discounting）："未来收益折现法"所使用的惯例，以反映期中形成的经济收益，相当于将经济收益所产生的效果在当前期间平均分配。

少数股权折价（minority discount）：因缺乏控制权而导致的折价，适用于少数股东权益。

少数股东权益（minority interest）：在一个企业中拥有的投票权少于50%的所有者权益。

乘数（multiple）：资本化率的倒数。

账面净值（net book value）：对于企业而言，是反映在资产负债表上的总资产（扣除累计折旧、折耗及摊销后的净额）与总负债之间的差额（与所有者权益同义）。对于特定资产而言，是企业账本上的资本化成本减去累计摊销或折旧后的数额。

净现金流（net cash flows）：在使用这一术语时，应补充上修饰语。请参见"股权净现金流"和"投入资本净现金流"。

净现值（net present value）：在指定日期，使用适当的折价率计算得出的未来现金流入减去所有现金流出（包括投资成本）后的价值。

有形资产净值（net tangible asset value）：企业有形资产（不包括多余资产和非营运资产）的价值减去其负债价值后的净值。

非营运资产（non-operating assets）：不是企业持续经营所必需的资产（注：在加拿大，这一术语为"多余资产"）。

标准化收益（normalized earnings）：经非经常性、非经济性或其他非常项目调整后的经济收益，以消除异常和（或）便于比较。

标准化财务报表（normalized financial statements）：经非营运资产和负债以及（或）非经常性、非经济性或其他非常项目调整后的财务报表，以消除异常和（或）便于比较。

正常清算价值（orderly liquidation value）：一项或多项资产在合理时间段内出售可以获取最大收益时的清算价值。

价值前提（premise of value）：可用以估值的最可能出现的交易情况的假设，如持续经营、清算。

现值（present value）：在指定日期，按适当的折现率计算得出的未来经济利益和（或）销售收入的价值。

组合折价（portfolio discount）：从企业价值中扣除的金额或百分比，以反映企业拥有不同的业务或资产且不能实现有效组合的事实。

市盈率（price/earnings multiple）：股票价格除以每股盈利。

回报率（rate of return）：某项投资的收入（亏损）和（或）已实现或预期价值变动的数额占该项投资的百分比。

多余资产（redundant assets）：请参见非营运资产。

报告日期（report date）：将估值结论提交给客户的日期。

更新成本（replacement cost new）：与估值标的资产具有最相近功用的相似新资产的当前成本。

复原成本（reproduction cost new）：相同新资产的当前成本。

要求回报率（required rate of return）：投资者在将资金投入具有特定风险水平的投资项目时，所能接受的最低回报率。

残值（residual value）：在未来收益折现模型中，离散的预测期间结束之际的价值。

股权回报率（return on equity）：在一定时期内，公司普通股所获得的报酬金额，以百分比表示。

投资回报率（return on investment）：请参见投入资本回报率和股权回报率。

投入资本回报率（return on invested capital）：在一定时期内，公司总资本所获得的报酬金额，以百分比表示。

无风险利率（risk-free rate）：不存在违约风险的投资在市场上可获得的回报率。

风险溢价（risk premium）：超过无风险利率的那部分回报率，以反映风险。

经验法则（rule of thumb）：根据经验、观察、传闻或综合以上内容，依据价格和特定变量之间的关系所建立的数学公式；通常具有行业特性。

特别利益买方（special interest purchasers）：收购者认为通过整合收购对象的权益与自身权益，收购后能够享有规模经济、协同效应或战略优势。

价值标准（standard of value）：确定特定业务所使用的价值类型；如公平市场价值、公允价值、投资价值。

维持性的资本再投资（sustaining capital reinvestment）：为维持现有运营水平所需的周期性资本支出，减去此类支出享有的税收减免。

系统性风险（systematic risk）：所有风险性证券所共同的、不能通过投资多样化来消除的风险。股市系统性风险的衡量指标是贝塔系数。

有形资产（tangible assets）：实物资产（如现金、应收账款、存货、房产、厂房及设备等）。

终值（terminal value）：请参见残值。

交易方法（transaction method）：请参见并购方法。

无杠杆的贝塔（unlevered beta）：反映无债务资本结构的贝塔值。

非系统性风险（unsystematic risk）：与个别证券相关的特殊风险，可通过投资多样化予以消除。

估值（valuation）：为确定企业、企业所有者权益、证券或无形资产的价值而采取的行动或采用的程序。

估值方法（valuation approach）：一种通用方法，使用一种或多种估值方法来确定企业、企业所有者权益、证券或无形资产的价值。

评估基准日（valuation date）：适用于评估师价值观点的特定时点（也被称为"生效日期"或"估价基准日"）。

估值方法（valuation method）：属于方法范畴，一种确定价值的特定方式。

估值程序（valuation procedure）：执行估值方法及步骤的行为、方式和技术。

估值比率（valuation ratio）：一个分数，以价值或价格作为分子，以财务、运营或实物数据作为分母。

所有者价值（value to the owner）：请参见投资价值。

投票控制权（voting control）：企业的法定控制权。

加权平均资本成本（weighted average cost of capital，WACC）：企业资本结构中所有资金来源的成本按照市场价值进行加权平均计算而得出的资本成本（折现率）。

附录1 税则59-60

税则，59-60，1959-1 CB 237：美国国税局，Sec. 2031（及 Sec. 2512）[及第二部分，Sec. 811（k），1005，法规 105，Sec. 81. 10]。

参考（S）：法则第 2031 条及第 20.203 1-2 条

在评估私营企业的股票，或无市场报价的公司股票价值时，出于遗产税和赠与税的考虑其他可用的财务数据以及影响公允市场价值的所有相关因素必须被包括进来。在进行股票估值时，并没有适用于各种不同估值情况的通用公式。但是，本税则概述了评估这些证券时需要考虑的一般方式、方法和因素。

税则 54-77，C. B. 1954-1，187，已替换。

全文：

第1节 宗旨

本税则的制定目的是从遗产税和赠与税的角度出发，概述和审视了私营企业股本估值中需要考虑的一般方式、方法和因素。此处所讨论的方法将同样适用于无市场报价或市场报价极少、无法反映公允市场价值的公司股票的估值工作。

第2节 背景和定义

01 所有估值工作必须遵循1954年版的《美国国内税收法规》和《联邦遗产税和赠

与税条例》的适用规定。1954年版法规的第2031（a）、2032和2512（a）条（1939年版法规的第811条和1005条）要求，包括在总遗产中的财产或作为礼物的财产，应该以被继承人去世之时或选定的日期或馈赠之日的财产价值为基础计算纳税。

02《遗产税条例》的第20.2031-1（b）条（《遗产税条例105》的第81.10条）以及《赠与税条例》的第25.2512-1条（《赠与税条例108》的第86.19条）将公允市场价值定义为，资产在自愿购买的买方以及自愿出售的卖方之间转手成交的实际价格，在这种情况下，前者不存在任何强制购买压力，后者也未面临任何强制出售压力，交易双方对相关事实都有合理的认知。法院判决通常会补充陈述到，假定假想的买方和卖方都具有相关能力并且自愿进行交易，对资产情况和此类资产的市场情况都有充分的了解。

03 私营企业是由数量相对有限的股东持股的公司。在通常情况下，所有股份由一个家庭持有。其结果就是，此类股份几乎没有任何买卖交易，因此，既没有既定的市场，股份的出售也不存在定期交易，基本上不能反映"公允市场价值"所定义的代表性交易的所有要素。

第3节　估值方法

01 公允市场价值的确定是一个现实问题，它取决于每个案件的具体情况。遗产税和赠与税案件涉及的估值问题千差万别，因此，无法设计出一个能够普遍适用的通用公式。在通常情况下，评估师会发现各方对于特定股票的公允市场价值存在很大分歧。为了解决这些差异，评估师应该秉持合理的观点，承认评估并非是一门精确科学这一事实。可靠的评估应该以所有相关事实为依据，但是，在衡量这些事实以及确定它们的整体重要性时，评估师还需要具备常识、明智的判断和合理性等要素。

02 随着宏观经济状况从"正常"变化到"繁荣"或"萧条"，具体股票的公允市场价值也会随之变化，这取决于投资大众对未来（特定估价日）持有的是乐观还是悲观情绪。在资产未来收益的稳定性和持续性方面，不确定性会让收益损失的风险增大，从而减少该资产的价值和未来价值。如果公司未来发展前景具有很大的不确定性，那么其股票价值也有非常高的投机性。评估师必须对股票发行公司的业务风险水平做出判断，但判断必须结合影响价值的其他所有因素。

03 证券估值就本质而言，是对未来所做的预言，其必须立足于评估日所获得的事实。一般而言，在自由活跃的市场上，在了解情况的人士之间进行的大量股票交易所采用的价格能够最好地反映投资大众对于公司以及所处行业的未来的共识。如果股票是少数人持有的，由于其交易量稀少或者交易市场的不稳定，评估师必须采用一些其他的价值衡量指标。在许多情况下，可以根据开展相同或相似业务的公司的股票在自由开放市场上的交易价格获得一个次优的估价。

第4节 需要考虑的因素

01 需要强调的是在评估私营企业的股票或者缺乏市场报价或市场报价太少以至于无法获得股票的价值时评估师需要考虑所有可用财务数据以及影响公允市场价值的其他相关因素。以下因素属于基本考虑因素（虽然不是全部因素），评估师需要针对具体情况进行仔细分析：

（a）业务性质和企业的发展历史。
（b）宏观经济前景以及具体行业的状况和未来展望。
（c）股票的账面价值以及企业的财务状况。
（d）公司的盈利能力。
（e）分红派息能力。
（f）企业是否拥有商誉或其他无形资产价值。
（g）股票交易情况以及待估值的股票数量。
（h）开展相同或相似业务的公司的股票在自由开放市场上进行活跃交易所采用的市场价格，无论是场内交易还是场外交易。

02 下面将针对上述因素逐一展开简要讨论：

（a）公司发展历史能够显示其过去的情况，包括公司具有稳定性还是不稳定性，业绩是实现增长还是缺乏增长，业务具有多样性还是欠缺多样性以及其他所需的事实，以便评估师能了解企业所涉及的风险程度。如果一个企业改变了自己的组织模式，但改变之后依然从事相同或非常相近的业务，那么，应该连贯起来考虑其历史。离评估日期越近的事项，越应该加以详细考虑，因为在预测未来时，最近发生的事项能提供最大的帮助；但是对于总利润和净利润以及股利的长期研究是有必要的。在研究公司历史时，评估师应该考虑（但不限于）以下因素：业务性质、产品或服务、运营和投资资产、资本结构、工厂设施、销售记录以及公司管理，评估师应该考虑评估日的上述因素，同时适当考虑给予最近发生的重大变化较大的权重。过去发生的、未来不太可能再次发生的事项应给予较小的权重，因为价值是与未来预期密切相关的。

（b）在对私营企业进行有效评估时，评估师必须考虑评估日时点以及未来的经济状况，了解国家宏观经济以及企业所处行业或关联企业所属行业的经济状况。评估师需要知道该公司与同行业的竞争对手相比，是更为成功还是表现欠佳，或者与竞争对手相比，公司是否保持了更为稳定的状态，这一点很重要。对于公司所关联的行业（以便与其他行业进行竞争），应赋予其同等或更大的重要性。几年之前还不是一个考虑因素的未来竞争因素应该得到更多的关注。例如，公司产品因其新颖性以及缺乏竞争而带来了高利润，这通常会导致竞争加剧。或许可以通过商品或证券的市场价格走势，了解公众对竞争行业或同一行业竞争者未来发展前景的看法。如果所谓的"一人"企业失去管理者，这可能给此类企业的股票价值造成不利影响，尤其是对于缺乏训练有素的继承者的企业而言。因此，在评估此类企业的股票时，管理人员流失对企业未来预期造成的影响，以及缺乏能够继承管理工作的潜在人才都是需要纳入考虑的相关因素。另外，也可能存在一些因素可以部分或完全抵消管理人员流失所造成的影响。例如，企业及其资产具有这样的性质，它们不会因管理人员的流失而遭受损失。此外，此类损失可能通过人寿保险得到充分弥补，或者可以用原本支付给前任管理人员的薪资来另聘有能力的管理人员。如果发现存在这些因素或其他抵消因素，那么，评估师应仔细权衡管理人员服务缺失对企业股票价值的影响。

（c）评估师应获取资产负债表，最好是评估日之前两年或以上的可比较年度报表，同时加上评估日前一个月月底的资产负债表（如果企业会计允许的话）。任何不能自证的资产负债表，以及牵扯到不同资产或负债的资产负债表项目都应该补充必要的详细信息以说明情况。这些报表通常向评估师披露了以下信息：（1）流动性状况（流动负债与流动资产的比率）；（2）固定资产主要类别的账面价值和账面净值；（3）营运资金；（4）长期债务；（5）资本结构；（6）净值。同时，评估师也需考虑非公司经营必需的资产，如证券投资、房地产等。在一般情况下，这些非营运资产所要求的回报率要比营运资产低，虽然在特殊情况下，要求可能相反。在计算股票的每股账面价值时，投资型资产应以市场价格为基础进行重新评估，相应调整其账面价值。通过比较公司过去几年的资产负债表，评估师或许会发现一些其他情况，如购买额外生产设施或收购子公司方面的动向，财务状况的改善，资本重组以及公司资本结构其他变化等细节。如果公司发行在外的股票不止一种类型，那么，评估师应该查看公司的章程或登记执照来确定各类股票的明确权利和特权，比如：（1）投票权；（2）分红偏好；（3）清算时的资产偏好。

（d）评估师应该获取和考量评估日期前一个代表时期的详细损益表，最好是五年或以上。此类报表应该反映（1）主要项目的总收入；（2）总收入的主要扣减项目，包括经营费用的主要项目、长期债务每个项目所涉及的利息及其他费用、折旧和损耗（如果已经计提的话)、人员工资(如果合理的话,则以总额显示;如果看似过高,则详细列示)、企业性质所决定的以及因其社会地位而要求做出的捐赠(无论是否可以抵扣税款)、主要项目的税收情况(包括所得税和超额利润税);(3)可用于分红的净收益;(4)每类股票的股息支付数量和支付比率;(5)计入盈余公积的剩余金额;(6)与资产负债表上的盈余公积保持一致的调整和调节。借助具有此类特征的损益表,评估师应该能够将收入和支出中的经常性项目和非经常性项目区分开来,区别营业收入和投资收益,并确定公司所开展的业务是否有存在一直亏损的情况,是否应该出于公司利益角度考虑予以处置。在考虑企业的分红派息能力时,评估师还应关注公司为业务扩张所留存的收益比例。在对私营企业进行评估时,很多情况下,潜在的未来收入都是需要考虑的主要因素,同时还应获取过去收入的所有有用信息,它们能为未来预测提供帮助。在展望未来时,以前的收入记录通常能提供最可靠的指引,但是,借助于任意五到十年的平均数,而未能考虑当前趋势或未来前景的话,评估师就不能形成务实的估值。例如,如果评估师发现记录显示净收入呈逐步增长或下降态势,那么,在评估企业盈利能力时,评估师可以赋予最近几年的利润更大权重。在判断风险以及企业处于保本运营的程度时,考虑按销售额的一定百分比扣除部分收入和净收入,这样做会有所帮助。需要如此分析的成本和费用主要类别包括:原料的消耗和供应(涉及生产商、加工商和制造商);商品的采购成本(涉及销售商);公用事业服务;保险;税款;损耗或折旧;利息。

(e)评估师应该主要考虑公司的分红派息能力,而不是过去实际派发的股利,还必须考虑公司留存合理比例的利润以应对竞争的必要性。在进行估价时,分红派息能力是必须予以考虑的因素,而过去实际派发的股利或许与分红派息能力没有任何关联。特别是私营企业,它派发股利是根据持股者的收入需要或他们规避股息收入纳税的意愿,而不是公司的分红派息能力。如果待估值的是公司实际的或有效的控制权益,那么,股息因素就不是重要的考虑因素,因为股息支付可由这些控股股东自行决定。具有控制权的个人或团体可以用工资和奖金来替代分红,从而会减少净利润,低估公司的分红派息能力。因此,与其他适用因素相比,股息在衡量公平市场价值上的可靠性较低。

(f)在最后的分析中,商誉是基于企业的盈利能力。因此,商誉及其价值取决于净收益超过净有形资产公允回报的金额。商誉因素可能主要是基于收益,但企业的威望和名声、所拥有的商标或品牌名称、在某个特定地点长期成功运营的记录等因素也可为确定无形资产价值提供帮助。在某些情况下,评估师可能无法针对企业的有形资产和无形资产做出单独评估。企业是拥有价值的实体。无论拥有何种无形资产价值,凡是有事实支持的，可以使用有形资产的评估价值超过其账面净值的金额来衡量无形资产的价值。

（g）评估师应该仔细调查私营企业股票的交易情况，以确定它们是否属于公平交易。强制性的或压价交易通常不能反映公允市场价值，少量的独立交易也不能作为价值的衡量指标。在对私营企业进行评估时，情况尤其如此。因为，如果股票涉及的是私营企业，那么，评估师不可能获取大量的市场价格，也不能以此为基础对大宗交易进行调整。因此，应该结合所有影响公允市场价值的证据来评估此类股票。股票本身的规模也是一个需要考虑的相关因素。与上市公司的股票相比，同样数量的非上市公司的少数股东权益更难实现交易，但拥有一个公司的控制权（不论是实际控制还是事实上的），作为一个价值加分因素，它可以为特定数量的股票具有更高的价值提供合理解释，事实也的确如此。

（h）法规的第2031（b）条规定，实际上，在评估非上市股票时，评估师应将开展相同或相似业务并在交易所挂牌交易的公司的股票价值与所有其他因素一起纳入考虑范围。一个重要的考虑因素是，作为比较对象的企业，其拥有公开、活跃交易的股票。法规第2031（b）条规定，首先应该考虑在交易所上市的股票。但是，如果不能找到股票在交易所上市的、具有充分比较性的公司，那么，也可以选择股票在场外市场活跃交易的其他可比较公司。其中的基本因素是，不论股票是在交易所交易还是通过场外市场交易，在估值日，必须有证据能够表明此类股票拥有一个活跃、自由的公开市场。在选择作为比较对象的公司时，评估师应保持谨慎，只利用那些具有可比性的公司。虽然宪法针对可比较公司做出的唯一限制要求是，公司所开展的业务应该与估值对象的相同或相似，但显而易见的是，评估师必须考虑其他相关因素，以便尽可能地进行最有效比较。例如，一家公司除了普通股以外还发行了优先股、债券等，那么，评估师不应认为这家公司与只发行普通股的公司具有直接可比性。同理，业务下滑、市场份额下降的公司与目前业务推进、市场扩张的公司之间不具有可比性。

第5节　各类因素应分配的权重

在对私营企业的股票进行估值时，需要考虑第4部分列明的所有相关因素。根据每个案例的具体情况，某些因素可能比其他因素更为重要，这取决于公司的业务性质。例如：

（a）在某些情况下，收入可能是最重要的价值标准，而在其他情况下，资产价值是主要考虑因素。一般而言，在对销售公众产品或服务的公司股票进行评估时，评估师首要考虑的是收益；相反，如果评估对象是投资或控股类公司，评估师则会给予股票标的资产最大的权重。

（b）对于少数人持股的投资公司或房地产控股公司而言，无论是否为家族持有，其股票价值与股票标的资产有着密切的联系。对于这类公司，评估师应确定公司资产的公允市场价值。在评估此类公司的股票和标的资产相对价值时，经营费用和清算成本（如果有的话）都是值得考虑的因素。标的资产的市场价值针对股票标的资产特定项目的潜在收益和股息给予合理的权重，而投资大众在估值日按照合适的比率对其进行折现。投资大众当前所做的评估应该优于个人的回顾性观点。基于这些原因，在对少数人持股的投资公司或房地产控股公司的股票进行评估时，不论其是否为家族持有，与其他任何一种常规估价标准（如收益和分红派息能力）相比，经过调整的净价值应该获得更大的权重。

第6节 资本化率

在应用特定的基本估值因素时，如收益和股息，评估师有必要使用某个适当的比率对平均数据或实时数据进行折现。在估值过程中，如何确定适当的资本化率是最为棘手的问题之一。因为，评估师不可能通过查看该国主要交易所上市交易的公司股票的卖出价格，粗略了解回报率和股息收益率，就能轻而易举地得到一个现成或简单的解决方案。即使是在同一个行业，各个公司之间也存在很大的差别。此外，该比率每年都有波动，这取决于经济状况。因此，不可能针对私营企业制定一个适用的资本化率标准表。在特定情况下，确定资本化率需要考虑的重要因素包括：（1）企业的性质；（2）所涉及的风险；（3）收入的稳定性或不规则性。

第7节 因素平均化

由于不可能通过一个规定公式进行估值，因此，也没有办法通过赋予不同适用因素一个数学权重来推导出特定情况下的公允市场价值。基于这个情况，通过对几个因素（例如账面价值、资本化收益和资本化股息）平均处理，并以此为基础进行评估的做法并没有什么实际意义。此类操作没有合理考虑其他相关因素，最终结果也不能得到重要因素实际应用的支持，除非是在偶然的情况下。

第8节 限制性协议

通常情况下，出于遗产税和赠与税目的对私营企业的股票进行估值时，评估师也许会发现该类股票的出售或转让受到协议规定的限制。如果发行公司享有按特定价格回购被继承人的股票的选择权，那么，该选择权价格通常视作遗产税的公允市场价值。请参见税则 54-76，C. B. 1954-1，194。然而从赠与税的角度来看，在这种情况下，选择权的价格并非是公允市场价值的决定性因素。选择权或买卖协议是持股人自愿行为所产生的结果，在持股人的生存期间以及去世之时都具有约束性，根据每个案例的具体情况，此类协议可能或者不可能基于遗产税目的而限定价值。然而，在确定公允市场价值时，此类协议应与其他相关因素一起加以考虑。如果持股人在世之时能够自由处置其股份，而选择权只有在他去世之后才能生效，那么，公允市场价值并不仅限于选择权价格。评估师始终需要考虑当事人之间的关系、被继承人持有的股份相对数量以及其他重要事实来确定该协议是否是一份出于善意的商业协议，或者是一种工具以便将被继承人的股份以低于充分全面考虑价值的现金或现金等价物转让给自然馈赠对象。相关内容请参见税则 157 C. B. 1953-2，255 以及税则 189，C. B. 1953-2，294。

第 9 节　对其他文件的效力

税则 54-77，C. B. 1954-1，187 由此被取代。

评论

商业估值是科学更是艺术
——评《商业估值》

余 坚

商业（企业）估值是一切经济交易和分配活动的基础，实务中需要开展正规估值的事项包括：股权投资、并购重组、公开上市、股权转让、破产清算等。IMA 于 2009 年发布的《商业估值》公告，为实务界开展企业价值评估提供了权威性的概念框架和操作方法。本文拟结合中国实践，对本篇公告中的部分重要议题进行梳理评论，以利于读者更好地理解和把握公告中的核心内容。

议题 1：价值标准的选择是估值的首要前提

价值是一个既主观又客观的复杂概念，见仁见智，完全取决于你从哪个角度看待它。选择不同的价值标准，就会有不同的价值结果。因此，明确估值目的是正确使用估值结果的前提。本篇公告针对企业（或股权）价值的评估，是基于可持续经营假设下的业务整体的价值评估，而不是针对各项具体可辨认资产的价值评估。

本篇公告中提及的四个价值标准分别为：公允市场价值、公平价值、内在价值，以及投资价值。需要注意的是，该提法与我国的公允价值计量会计准则存在一些差异，有必要做出说明。

根据中国《企业会计准则第 39 号——公允价值计量》（2014）规定，公允价值（fair value），是指市场参与者在计量日发生的有序交易中，出售一项资产所能收到或者转移一项负债所需支付的价格（即脱手价格）。公允价值应当根据其所使用的估值技术的基础信息数据（输入值）的客观性划分为三个层次，并最优先使用活跃市场上相同资产未经调整的报价（第一层次输入值），其次使用可观察的输入值（第二层次输入值），最后使用不可观察输入值（第三层次输入值）。

因此，本篇公告中的"公允市场价值"概念对应我国的"公允价值"中的第一层次输入值。公告中的"内在价值"往往采用未来收益（或现金流）折现法估值技术得出，对应我国的"公允价值"中的第三层次输入值。公告中的"公平价值"主要涉及非公平交易与分配的特殊司法领域，如离婚诉讼中的公平财产分配等，不属于我国的"公允价值"界定范畴。

公告中的"投资价值"主要考虑针对特定投资主体的个性化价值，如并购投资中产生的协同价值等。而我国公允价值会计准则规定，公允价值计量应当采用市场参与者立场，而不是特定参与者立场。例如，某一市场参与者愿意为一项业务支付更高的价格，因为该市场参与者能从该业务中获得协同效应，而其他市场参与者无法获得相同的协同效用。因此，在确定该业务的公允价值时，不应以该特定市场参与者的报价为基础，而是应当以大多数市场参与者愿意支付的价格为基础。

需要指出的是，虽然公告中的"投资价值"中的协同价值因素不在我国的"公允价值"会计计量范围之内，但协同价值是投资决策与交易实务中非常关键的考量因素，这也从一个侧面反映出财务会计与管理会计之间的异同之处。

为便于理解，在此特将并购实务中涉及的价值概念口径之间的区别和联系表述如下：

净资产账面价值 + 可辨认净资产的评估增值 = 可辨认净资产公允价值

可辨认净资产公允价值 + 商誉价值 = 被并购企业公允价值

被并购企业公允价值 + 协同价值 = 投资价值

议题 2：估值定性分析确保估值定量计算不出现精确的错误

本篇公告中的估值分析部分提供了一个简捷实用的定性分析框架和流程。估值定性分析部分为后续的估值定量计算提供关键性的参数假设和限制条件设定。估值分析框架采用"自上而下"的三层次分析法，分别为：宏观经济层面、行业经济层面，以及企业层面。

宏观与行业经济因素对企业经营绩效产生重大影响，但恰恰也是估值分析判断的难点所在。在有限理性、不完全信息和未来不确定性的限制条件下，宏观经济所处的繁荣期或衰退期必然对估值者的心理情绪产生显著影响，并进而影响估值模型中的假设条件和核心参数设定。实务中，宏观层面分析重点应关注几个核心经济指标的趋势和周期性变化，如 GDP 增长率、利率、通胀水平、人口统计等，并将宏观因子与企业历史业绩指标进行相关性分析和业绩归因分析,从而为未来收益预期提供依据。

行业层面分析重点应用行业发展前景和竞争结构分析,以及本篇公告推荐的波特竞争五力模型经典分析框架,五个分析维度分别为:行业竞争格局与现存竞争对手、与下游客户的议价能力、与上游供应商的议价能力、行业壁垒与新进入者的威胁、替代品的潜在威胁。实务中需要加强替代威胁因素的分析,因为随着当今以"互联网+"为代表的技术产品和商业模式创新的不断涌现,颠覆性创新已成为现存企业和现存技术产品最致命的威胁因素,建立在原有条件下的估值体系可能面临瞬间崩塌。此外建议增加第六个分析维度"相关产业或企业的互补效应",因为竞争与合作相辅相成,产业链协同和生态圈竞争已发展成为当今商业环境中的生存法则。

企业层面分析包括三个步骤,分别为战略分析、历史财务数据分析和数据标准化。战略分析可采用公告推荐的 SWOT 分析框架,对企业所面临的优势、劣势、机会和威胁的四个维度的深入分析与整合,有助于对其未来的发展路径形成正确判断。战略分析须与行业分析相结合,分析判断行业发展前景和发展阶段、公司行业地位和竞争优势。公司核心竞争力和竞争优势的分析判断决定了估值模型中超额收益的持续期间长短。历史财务分析需要回溯覆盖至少有个完整的商业波动周期,实务中建议使用至少 7 年历史数据(最好 10 年)。为了确保历史与未来数据的可比性,对历史数据进行修正和标准化是非常必要的环节,但在我国实务操作中往往重视程度不够,公告提及的该部分内容非常有实务操作借鉴价值。可能涉及的需要修正调整的历史数据包括:关联交易(修正为公允交易基础)、异常交易(剔除非经常性损益项目)、非经营业务(拆分剥离)、会计规则调整、税收差异调整等。

议题 3:估值方法中比模型更重要的是初始输入值和参数假设的客观性

即使使用最好的估值技术方法,假如输入的是垃圾,输出的结果必然也是垃圾。估值需要好的定量模型,但更需要好的假设判断和尽量客观的输入值。

本篇公告提及的常用估值方法有三类:基于收益的方法、基于市场的方法、基于资产的方法。这种划分与我国的规定和实践相一致。在我国估值实务中,通常是同时采用收益现值法和市场比较法,以防止出现不同估值方法下结果的显著差异。资产法估值通常用于各项可辨认资产的具体评估,不涉及不可辨认资产和商誉,即我国通常所说的"资产评估"。

基于收益的估值方法的逻辑思路是,将未来企业自由现金流(FCF)与作为折现率的加权平均资本成本（WACC）相匹配，可以计算得到企业整体价值，再减去债务价值，得到股权价值。基于收益的估值方法的难点在于未来收益或自由现金流（分子）的预测，以及折现率（分母）的估测，其中股权资本成本估算部分的科学合理性争议最大。与经典的资本资产定价模型（CAPM）不同，公告提供了累积法计算股权折现率模型，该模型适用于非公开上市的中小企业，无须确定特定贝塔值，而是将股权资本成本直接分拆成四部分，分别为无风险收益率、股权风险溢价、规模溢价、公司特定风险。在我国估值实务中，通常会考虑公司特定风险因素，但较少考虑规模溢价因素，这是可以改进完善之处。此外，该模型由于不考虑贝塔值，直接采用平均股权风险溢价，因此容易忽略公司财务杠杆产生的风险溢价因素，需要加以考虑。

本篇公告还提供了超额收益估值法（即经济增加值估值法），超额收益法的逻辑思路非常直观，即企业股权价值可以拆分成股权账面价值加上超额收益的现值（商誉或经营特许权价值）。超额收益估值法在基于资产投资驱动业绩增长的企业中，如商业银行和房地产企业估值，有着独特的应用价值。

议题4：考虑估值的溢折价修正因素是公告的一大亮点

根据估值模型得出的结论，一般是基于市场完备性或者无套利假设，而实务中的估值项目往往不具有此理想化特征，因此，与可比估值参数相比，根据其特性进行一定程度的修正（溢价或折价）是合理的，也是必需的。但溢折价的具体调整规则由于归因统计数据的代表性和时效性问题，在实务操作中存在较大挑战。在我国估值实务中，估值溢折价修正环节的工作往往由于缺乏广泛扎实的实证研究结论作为调整依据，可靠性有待提高。

本篇公告对估值实务中存在的溢折价考量因素进行了分类归纳，具体包括：缺乏市场流通性折价、缺乏控制权折价、税收折价等。

针对由于缺乏市场流通性或控制权而造成的估值折价的国外实证研究结果表明，流通性和控制权因素对估值结果造成显著影响：（1）非上市公司相对于可比上市公司的平均估值折价率接近五成；（2）受限股票相对于无限制股票的平均估值折价率接近三成；（3）无控制权的少数股权相对于拥有控制权的多数股权的平均估值折价率约为三成。

与非控制权折价相对应，在证券市场并购实务中，要约收购上市公司通常的收购报价要高出当时股票市场价格的三成，因为日常的股票交易价格代表的是无控制权的估值水平，而要约收购多数股权则意味着获取控制权，为获取控制权的额外代价构成控制权溢价。

最后想说明的是，估值是基于前提假设条件的价值判断，商业估值是科学更是艺术，所谓艺术体现的是人类的主观情感、想象力和创造力，一切世间的价值就是在此时此景下被评估。时过境迁，一切价值又被重估。因此，估值的万能公式是不存在的，在不确定性面前，我们与其寻求精确的错误，毋宁确保模糊的正确。